# RESUM D'HISTÒRIA
# DELS PAÏSOS CATALANS

FUNDACIÓ JAUME I

08021 BARCELONA. Aribau, 185

FERRAN SOLDEVILA

# RESUM D'HISTÒRIA DELS PAÏSOS CATALANS

*Edició ampliada a cura de*

MIQUEL COLL I ALENTORN

EDITORIAL BARCINO. 1987

08012 BARCELONA. Montseny, 9

*Reimpressió de l'edició de 1974*
*Dip. legal: B. 10.249 - 1987*
*I. S. B. N.: 84-7226-043-7*

*EDITORIAL BARCINO. — Barcelona*

*Impremta: Romanyà/Valls, Verdaguer 1, Capellades (Barcelona)*

# MOTIVACIÓ

*L'any 1923 Ferran Soldevila donava a la llum, dins les publicacions de la benemèrita Associació Protectora de l'Ensenyança Catalana, una* Història de Catalunya. Curs Mitjà, *que venia a continuar la sèrie de treballs seus d'intenció pedagògica i divulgadora, iniciada el 1920 amb el seu opuscle* La història universal *dins la col·lecció «Minerva». L'èxit d'aquella* Història, *que va assolir quatre edicions abans del 1936, va induir a incorporar-la, després d'una fonamental revisió i ampliació, al* Resum d'Història de Catalunya *que Soldevila publicava el 1956 dins la «Col·lecció Popular Barcino». Des d'aleshores el* Resum *ha estat repetidament reimprès, però, com és natural, els progressos de la investigació històrica començaven ara a superar alguns dels seus punts de vista i més d'una de les seves informacions. Per això les darreres reimpressions havien hagut d'ésser acompanyades d'unes poques pàgines d'addicions i esmenes en allò que el mateix autor va considerar més indispensable.*

*Raons de comprensible oportunitat havien aconsellat, d'altra banda, que l'àmbit cronològic del* Resum *no superés (i en algun aspecte arribés a recular) les fites més modernes del text del 1923, i això deixava els lectors en la ignorància d'un període de la nostra història que tenia una importància decisiva.*

*D'altra banda, la Comissió Organitzadora del 5.è Centenari de la Impressió del Primer Llibre Català va creure que la millor manera de commemorar-lo era, entre altres coses, amb la publicació d'un resum d'història dels nostres països que, dins la seva sumarietat, incorporés els resultats de les investigacions més modernes, equilibrés fins on fos possible la informació relativa a les tres grans regions de la nostra llengua, i dugués la narració dels esdeveniments fins a la data més propera que permetessin les circumstàncies, potser ara menys desfavorables, i que poguessin ja contemplar-se en perspectiva històrica.*

*Per a això el* Resum *de Ferran Soldevila oferia una magnífica base. Calia només revisar-lo i completar-lo. La meva devoció a l'ensenyament i a la memòria d'aquell enyorat mestre, i no pas els meus mèrits, van induir els meus benèvols companys de Comissió a encarregar-me aquella tasca, i aquest és el resultat del meu treball.*

*En dur-lo a terme, he procurat de respectar, fins allà on ha estat possible (i poquíssimes vegades no ho ha estat), el pensament i el criteri de Soldevila, reflectit no solament en el* Resum, *sinó també en totes les seves obres posteriors, en llurs darreres edicions revisades curosament per ell, fins a la pòstuma* Síntesis de Historia de Cataluña *(1973) que en certa manera responia a una intenció paral·lela a la nostra. Alguns cops, però, he hagut d'actuar per compte propi, en la seguretat que els meus punts de vista haurien pogut ésser compartits pel meu mestre, com tantes vegades s'havia esdevingut quan, en els darrers anys de la seva vida, havia tingut el goig i l'honor de prestar-li la meva modesta col·laboració.*

*Oferim ara un text que titulem* Resum d'Història dels Països Catalans *que, pel seu contingut, respon més a aquesta denominació que no pas a la del 1956. Sospitem, d'altra banda i no sense raons vàlides, que aquest és el títol que Ferran Soldevila hauria volgut donar ja llavors a la seva obra. L'obra continua essent de vulgarització popular, procurant, però, respondre al rigor científic més exigent. El text resulta incrementat en cosa d'una cinquena part i la fita cronològica final ha estat duta fins a l'any 1932, amb alguna al·lusió lleugerament posterior.*

*La nostra Comissió i els qui generosament fan possible la meva tasca, voldríem que aquest mig mil·lenni de l'aparició del primer llibre imprès en català ens induís a conèixer-nos més bé, i per això posem a les mans del nostre públic, en una edició abundosa i a preu popular, la informació més indispensable per a saber qui hem estat i com hem arribat a ésser qui som. Que això ens doni força i empenta per a projectar-nos, purgats de vicis i enriquits de virtuts i d'experiència, vers l'esdevenidor.*

MIQUEL COLL I ALENTORN
de l'Institut d'Estudis Catalans

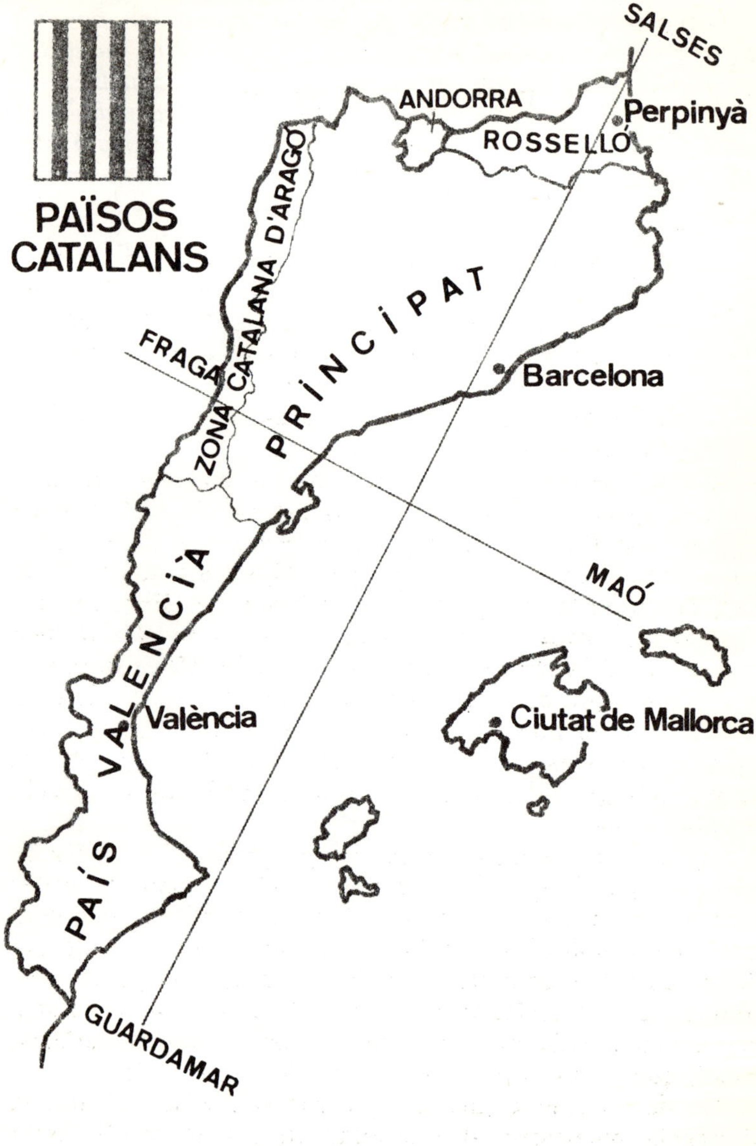
PAÏSOS
CATALANS
SALSES
ANDORRA
Perpinyà
ROSSELLÓ
ZONA CATALANA D'ARAGÓ
PRINCIPAT
FRAGA
Barcelona
MAÓ
PAÍS VALENCIÀ
València
Ciutat de Mallorca
GUARDAMAR

# 1

# PAÏSOS CATALANS

LES TERRES DE LLENGUA CATALANA. — Les terres de llengua catalana són les regions anomenades Catalunya, Rosselló, València, les Balears, una llarga franja de l'est d'Aragó i el Principat d'Andorra. En totes es parla el català. Per això són compreses totes sota el nom de Països Catalans.

També la ciutat de l'Alguer (al nord-oest de l'illa de Sardenya) ha conservat la nostra llengua.

Aquests territoris són compresos en una zona geogràfica integrada per la vessant mediterrània de la Península Ibèrica i de França, limitada al sud-est per l'indret on la Serra Nevada s'acosta al mar, i pels Alps marítims al nord-est, i comprèn les conques baixa i mitjana de l'Ebre fins als engorjats de Pancorbo i la conca baixa del Roine fins poc més amunt d'Avinyó. Aquesta zona, amb les illes compreses dins l'extens arc de les seves costes, és el lloc geogràfic dins el qual, amb el flux i el reflux que corresponen a les seves èpoques d'expansió i de decadència, s'ha desenvolupat, al llarg dels segles, des de la més remota prehistòria, la vida del nostre poble.

Les condicions d'aquest hàbitat geogràfic, obert a les influències que facilita la mar Mediterrania, camí de velles cultures i d'intercanvis, amb un gruix territorial poc considerable, i amb obstacles interiors (serres transversals, zones lacustres, comarques semidesèrtiques) que poden suscitar un cert fraccionament intern, han plasmat el nostre temperament col·lectiu, més que no pas la nostra herència racial, que és múltiple i no pas molt diferent de les dels pobles de l'occident europeu que ens són veïns. Si alguna diferència haguéssim d'assenyalar en aquest sentit, seria més aviat quantitativa en relació amb les proporcions en què cada raça de divers origen s'ha integrat en la nostra fórmula ètnica actual, més que no pas qualitativa en el sentit que en aquesta hi pogués haver elements diferencials que no es trobessin en els pobles circumdants.

És aquest hàbitat geogràfic que ens ha fet extravertits, fàcils a la comprensió de la manera d'ésser dels altres, aptes per a les arts plàstiques i per a l'expressió literària que no comporti un excés d'introspecció, amics de les coses concretes, tangibles i a mesura humana, poc conscients de la nostra personalitat i de la nostra missió col·lectives, tendents a la disgregació, poc aptes per a les concepcions massa abstractes, individualistes, però espontàniament recercadors de remeis als nostres defectes amb l'associacionisme i amb l'instint federatiu.

SITUACIÓ GEOGRÀFICA. — Les terres catalanes es troben situades a l'est de la Península Ibèrica, entre França, la mar Mediterrània i els països castellano-aragonesos. Aquests són els límits de la Catalunya continental. Les Balears constitueixen la Catalunya insular, situada davant per davant del País Valencià.

DESCRIPCIÓ DEL PAÍS. — La Catalunya continental forma una llenca triangular de terra, estesa de llarg a llarg de la mar Mediterrània. Encapçalada al nord per la gran serralada pirinenca, forma un país essencialment muntanyenc, dividit, per les serres i serrats, en planes generalment poc extenses.

L'únic gran riu que la travessa és l'Ebre. Els altres, com el Segre, el Llobregat, el Xúquer i el Segura, són menys abundosos.

La Catalunya insular és formada per les illes de Mallorca, Menorca i Cabrera, que constitueixen pròpiament les Balears, i d'Eivissa i Formentera, que constitueixen les antigues Pitiüses. Mallorca i Eivissa són muntanyoses. Menorca és molt poc accidentada. Hi ha altres illes petites, que voregen les grans.

Essent tan diversa la natura del territori català, on hi ha hortes com la de València i altituds muntanyanes com les pirinenques, es comprèn que el seu clima sigui molt divers i que els productes naturals hi siguin variadíssims.

El nom de Catalunya. — Per explicar la procedència del mot Catalunya, han estat ideades diverses teories. Una de les que han gaudit de més predicament el suposava derivat de Gotolània, país de gots, recalcant-se en el fet de la denominació de Gòtia a la regió rossellonesa-llenguadociana, i en l'existència de dues regions veïnes d'aquests noms a Escandinàvia. Una altra teoria suposava que, a causa de la gran abundor de castells que hi havia al nostre país en els primers temps de la Reconquesta, el nom de «castlans» o «catlans», que es donava als qui en tenien encomanat algun, s'estengué a tots els habitants del territori, i que de «catlà» va derivar el mot «català», i d'aquest, el nom de Catalunya. Recentment ha estat posada en valor la teoria que col·loca l'origen del mot «catalans» en una metàtesi de «laketans», nom d'una de les tribus principals del nostre país. Es tractaria d'una denominació, inicialment erudita, concebuda a Itàlia. Més recentment encara, ha estat suggerida la possibilitat que el nom de Catalunya provingués de «Càlat-Taluniya» (castell de Taluniya) que seria el nom que els sarraïns haurien donat a Montsó i haurien aplicat després al país situat més enllà d'aquesta localitat de la vora del Cinca. Trobem ja els noms de Catalunya i de catalans en un poema pisà en llatí del segle XII, escrit poc després del 1115, que descriu i celebra la conquesta de Mallorca i Eivissa pels catalans i els pisans, sota el comandament del comte de Barcelona Ramon Berenguer III, anomenat «catalanicus heros» i «dux catalanensis». En un document carcassonès sense data, però que pot atribuir-se al 1107 o al 1112, apareixen ja els mots «Catalan», com a cognom, i «de Cataluign». Darrerament hom ha cregut trobar testimonis escrits de l'existència del nom de Catalunya al començament del segle XI.

# 2

# PREHISTÒRIA

ELS TEMPS PREHISTÒRICS. — S'entén per temps prehistòrics aquells en què l'home no produïa encara monuments escrits: quan aquests apareixen, som ja als temps històrics. Per conèixer la vida i la civilització de l'home prehistòric es fan excavacions, que descobreixen les restes de la seva existència, i s'estudien els seus ossos, els seus utensilis, les seves habitacions.

DIVISIÓ DE LA PREHISTÒRIA. — La Prehistòria es divideix en tres edats: Edat de la Pedra, Edat del Bronze i Edat del Ferro. En la primera l'home feia els seus utensilis de pedra i també de fusta, de banya i d'os; després va aprendre a utilitzar els metalls, i els va fabricar principalment de coure i de bronze; més tard, també de ferro.

L'EDAT DE LA PEDRA. — L'Edat de la Pedra es divideix en dos períodes: paleolític i neolític. L'aparició d'éssers semblants als homes (homínids) ha estat detectada recentment al nord del Rosselló. Serien dels més antics d'Europa i correspondrien al Paleolític inferior en una data que cal fixar aproximadament en uns nou-cents mil anys enrera. Correspondrien a l'espècie *homo erectus*, diferent de l'home actual i semblant als homínids les restes dels quals han estat trobades a Java i a Pequín. Al Paleolític mitjà correspon l'anomenat home de Neanderthal, de l'espècie *Homo sapiens*, ja més semblant als homes dels períodes històrics, i que hem de situar uns dos-cents mil anys enrera. Als Països Catalans trobem restes d'aquest home o de la seva indústria a Banyoles, a Moià, a Capellades, a la Cova Negra de Xàtiva, i un xic més al sud, a Villena i Alcoi. Trenta mil anys enrera s'inicia el Paleolític superior i apareix l'*Homo sapiens sapiens* que ja és l'home actual. D'aquest temps trobem restes en els nostres països principalment en tres nuclis: a Serinyà i Sant Julià de Ramis (el Gironès), amb influència predominantment europea, a Falset i Margalef (el Priorat), amb caràcter mediterrani, a la Cova del Parpalló, prop de Gandia (la Safor), on aparegueren manifestacions abundoses de pintura i gravat, i en altres coves d'aquesta zona. Les esmentades manifestacions artístiques pertanyen a l'escola anomenada franco-cantàbrica, el centre de la qual cal col·locar a la Dordonya amb irradiacions vers el nord de la Península Ibèrica a través del País Basc, Santander i Astúries, i vers el llevant de la mateixa Península fins al Parpalló. Més al nord dins els Països Catalans no han estat trobades d'altres manifestacions d'aquesta escola artística, però és ben segur que algun dia hom en descobrirà, i podrem establir l'enllaç entre els testimonis més meridionals al nord del Pirineu (Niaux, a 12 quilòmetres al nord de la frontera franco-andorrana) i els de la contrada de Gandia.

A través del Mesolític o Epipaleolític (de 10.000 a 5.000 anys abans de Jesucrist), vivint de la cacera, la pesca i la recol·lecció de fruits naturals, havent-se ja divulgat l'ús de l'arc i les sagetes, de les agulles i dels arpons, vivint en coves i balmes, i encara sense agricultura, ni pastoreig, ni ceràmica, hom entra en el Neolític, que representa una mutació radical en la manera de viure. La cultura neolítica s'inicia al Pròxim Orient, segurament a les valls superiors del Tigris i l'Eufrates, vers el 6000 ab. de J.C., i arriba als nostres països pel camí d'Europa vers el 4000. En els seus inicis l'home ha descobert la ramaderia, la ceràmica, el poliment de la pedra, el teixit groller, la cistelleria i la roda. Una modesta navegació d'altura permet d'arribar a les illes i és vers el 4000 que degueren ésser fets els primers establiments humans a les Balears, que trobem testimoniats a la serra del nord de Mallorca. S'estableixen també comunicacions amb el nord d'Àfrica que semblen ésser més de nord a sud que a l'inrevés.

Després és descoberta l'agricultura, i això fixa la població, en permet un notable increment, i eleva i estabilitza el nivell de vida vers el 3000 o 2500 ab. de J.C.

Durant el primer Neolític la gent a casa nostra viu principalment a la zona pre-litoral. En el segon Neolític penetra vers l'interior i viu en petits poblats a les planes i sense fortificar. La disposició dels seus enterraments ens indica una creença en la vida ultraterrena i una estructura monogàmica de la família.

Tot al llarg del Mesolític i del Neolític una altra escola de pintura es desenvolupa a les nostres terres, potser com a evolució i assimilació de la del Paleolític superior. La trobem testimoniada des d'Os de Balaguer (la Noguera) al nord, fins a Vélez Blanco (Almeria) al sud, amb una penetració vers l'oest que arriba fins a Albarrasí, i un centre principal d'irradiació que sembla que cal col·locar entre l'Ebre i el Millars.

Després del Neolític ve l'Eneolític, que correspon a la cultura megalítica (2000 a 1500 a. C.) que ens ha deixat grans monuments de pedra anomenats megàlits. En podem esmentar: els dòlmens, construccions funeràries que tenen l'aspecte d'una gran taula de pedra, i els menhirs, pedres llargues clavades verticalment a terra. Hi ha altres formes de megàlits: tots són monuments funeraris o religiosos. La cultura megalítica catalana no s'estén gaire vers el sud perquè s'atura a l'extrem nord del Camp de Tarragona. La Catalunya Nova, el País Valencià i Múrcia constitueixen una altra província d'aquesta cultura, d'origen probablement oriental.

Les principals troballes de restes paleolítiques a Catalunya han estat fetes a Capellades, a Banyoles, a Serinyà, a Sant Julià de Ramis i a Falset. Les principals troballes de restes neolítiques, a Romanyà de la Selva, a Espolla i a Santa Maria de Miralles.

L'EDAT DEL BRONZE. — Durant l'Eneolític l'home va començar a utilitzar els metalls. Primer el coure; després, havent obtingut el bronze aliant aquell metall amb l'estany, va fer de bronze la major part dels seus utensilis. Llavors comença aquesta nova Edat prehistòrica, durant la qual l'home va adquirint una major civilització. Es dedica no sols a l'agricultura, sinó també al comerç. Fabrica destrals planes, objectes d'ornament i punyals, que es van allargant fins a esdevenir espases.

A Catalunya les troballes corresponents a aquesta edat són molt abundants. A Mallorca i Menorca entre el 1500 i el 1200 trobem ja testimonis més abundosos de població, amb alguna influència sarda. Després aquesta és preponderant i hi són dreçades grans construccions de pedra de l'estil dels *nurags* sards i de les *torri* corses. Són: els *talaiots,* torres de forma cònica truncada, conjunts de poblats i llocs també de sepultura; les *navetes,* construccions funeràries de forma semblant a una nau invertida; i les *taules,* dues pedres de grans dimensions disposades en forma de T. Cap a la fi de l'Edat del Bronze hi ha poblats fortificats com Capocorp Vell, a Llucmajor; els Antigors de les Salines (Mallorca) i Telatí de Dalt i Trepucó (Menorca). El període talaiòtic sembla comportar una notable densitat de població i una certa riquesa que només pot ésser deguda a l'activitat comercial. Aquesta prosperitat perdura fins a l'època romana, que representa l'extinció del període talaiòtic que haurà durat quasi un mil·lenni.

Al País Valencià, especialment entre Orpesa i Elx, aquesta edat es manifesta amb una puixança desconeguda al Principat. Els poblats hi són nombrosos i quasi sempre construïts al cim de turons que en facilitin la defensa.

L'EDAT DEL FERRO. — Vers l'any 1000 ab. de J.C. s'inicia la penetració en les tres penínsules mediterrànies de la gent de les grans planes centreuropees, que introdueixen una gran mutació en relació amb l'estat de coses anterior, mentre uniformen en certa manera entre ells els països on s'instal·len. Amb ells apareix el ferro, que utilitzen especialment per a les armes, mentre continua predominant el bronze per a altres usos. Llurs enterraments són d'incineració. Els nous pobladors, que semblen penetrar pacíficament, són indoeuropeus, i potser celtes en les onades posteriors. Ocupen tot el Principat, i especialment des de la conca de la Tet fins a la del Llobregat, el nord del País Valencià fins a la Plana de Castelló, i penetren vall de l'Ebre amunt per l'Aragó. Semblen constituir un món pacífic, amb poblats que no són construïts en llocs de fàcil defensa ni emmurallats. L'activitat agrícola és intensa i la població creix en densitat. Amb els nouvinguts sembla haver entrat també la raça bovina marinera i haver crescut la importància de la cria del porc domèstic, de raça ibèrica, amb el color fosc. La primera onada es produeix al segle VIII o potser una mica abans i procedeix del Rin i l'alt Roine. La segona correspon als segles VII a V, procedeix de Suïssa i el nord d'Itàlia i travessa el Pirineu per tots els passos des de la Mediterrània fins al Cantàbric. Al Principat semblen entrar principalment per la Cerdanya i davallar pel Segre. Aquesta sembla la darrera gran aportació ètnica que rebem i que ve a barrejar-se amb la població anterior, també d'origen europeu i principalment mediterrani.

# 3

# PRIMERES COLONITZACIONS

En aquests mateixos temps es produeixen les primeres colonitzacions de pobles que coneixem ben concretament a través dels textos històrics. Vénen de l'orient mediterrani, a la recerca dels metalls i per exercir el comerç. Són els fenicis, poble semita procedent de la costa siro-libanesa que poc abans de l'any 1000 s'havia establert a Útica (Tunis) i a Cadis, i que, des dels seus establiments africans de Cartago, fundada prop d'Útica una mica més tard, s'instal·la permanentment a Eivisa el 654 i hi deixa abundosos testimonis que esborren els de les poblacions anteriors. Són també els grecs, que vénen en dues etapes. Primerament són els rodis, que s'estableixen a Roses al començament del segle VIII abans de Crist, com a escala per a anar a les goles del Roine. Després els foceus, que, amb una major permanència, s'instal·len a Empúries dins el primer terç del segle VI, com a escala intermèdia entre Massàlia (Marsella) i Mainake (vers Vélez-Màlaga). Sembla haver-hi hagut vers el cap de la Nau un altre establiment grec: Hemeroscopèion (la Talaia del Dia) que podria correspondre a Dénia, Xàbia o Ifac. Prop d'Alacant sembla haver-hi hagut Acra Leuké (Castell Blanc).

LA CULTURA IBÈRICA. — La influència grega, i probablement la d'altres pobles de l'orient mediterrani, sobre els indígenes dóna lloc a la cultura ibèrica, que es manifesta en dues etapes: una que correspon als segles V i IV, i l'altra que va del segle III a mitjan segle I ab. de J.C. Es caracteritza per una intensificació de la vida urbana, per una generalització del ritu funerari de la incineració, per l'ús del ferro com a metall bàsic i del torn ràpid de terrisser per a la fabricació de la ceràmica, per l'adopció d'un sistema d'escriptura pecu-

La Dama d'Elx
L'Esculapi d'Empúries.

liar, per manifestacions plàstiques notables, en escultura i pintura i per l'aparició d'una economia monetària. Les manifestacions artístiques semblen assolir llur màxim nivell al centre i al sud del País Valencià, habitats, respectivament, per les tribus dels edetans i els contestans, amb mostres de tan alt valor com l'anomenada Dama d'Elx. L'escriptura, iniciada en el segle v, sembla originària de l'Àsia menor i fou usada de Lates (Montpeller) a Almeria, amb una zona, des del sud del cap de la Nau, on era usat també un altre sistema gràfic (l'anomenat tartèssic o turdetà), força semblant, però marcadament diferenciat; al nord d'aquesta darrera zona fou assajat també l'ús de l'alfabet jònic arcaic per a escriure la llengua ibèrica. La moneda, d'imitació grega, sembla haver estat introduïda entre els ibers en la primera meitat del segle III: Narbona, Índica, Vic, Isona, Guissona, Badalona, Barcelona, Tarragona, Lleida, Sagunt, Llíria i Xàtiva, compten entre els llocs que encunyen moneda. Anteriorment, des de mitjan segle v, Empúries encunya moneda de tipus grec, i Roses n'encunya des del començament del segle següent. D'altra part, Eivissa encunya moneda de tipus púnic des del segle III ab. de J.C., si no abans, fins a la romanització.

Com a testimoni més destacat de la presència grega, posseïm avui, gràcies a excavacions realitzades, les ruïnes de la ciutat d'Empòrion (que vol dir mercat), on s'han trobat escultures, ceràmica, monedes, etc. Entre les escultures destaquen l'estàtua d'Esculapi i un tors i una testa d'Afrodita.

La invasió cartaginesa. — Cartago, com hem dit, era una ciutat d'origen fenici, situada al nord de Tunis. El seu poder li venia del comerç. La seva política era una política amb finalitats mercantilistes. La creixença del poder d'una altra gran ciutat, Roma, va esdevenir amb el temps un perill per a l'imperi comercial cartaginès, i la lluita entre Roma i Cartago (guerres púniques) va esclatar.

Després d'una primera guerra, de la qual va sortir vencedora Roma, els cartaginesos van envair la Hispània, i el general Hanníbal va sotmetre el nostre país després d'atacar i destruir Sagunt (219). Deixant un exèrcit d'ocupació, va marxar sobre Itàlia, on guanyà grans batalles. Però mentrestant els romans, comandats per Gneu Scipió, van desembarcar a Empúries (218 a. C.), i van treure els cartaginesos no solament del nostre país, sinó també, després de diverses vicissituds, de la Península Ibèrica.

L'ocupació cartaginesa de la Catalunya estricta, molt breu (dos anys) i essencialment militar, si va tenir transcendència per a Catalunya, fou, sobretot, perquè va dur-hi, com a contracop, la dominació romana.

## 4

# LA DOMINACIÓ ROMANA

Vencedora dels cartaginesos, Roma va estendre les seves conquestes per tots els països del litoral mediterrani, i, augmentant encara els seus dominis, va arribar a posseir un vastíssim imperi, al qual va donar la seva civilització.

La dominació romana fou d'una gran transcendència per a la nostra pàtria. El llatinisme és un dels elements essencials de l'esperit català. La llengua catalana és filla de la llatina.

La conquesta del nostre país. — La conquesta del nostre país pels romans va ésser fàcil a les costes, però difícil a l'interior. Els prínceps ilergets Indíbil i Mandoni foren l'ànima de la resistència. Però, a la fi, van ésser vençuts i morts. Encara hi hagué noves revoltes, que el cònsol Cató (195-194 a. C.) i els seus successors van dominar. Les Balears foren sotmeses més endavant (125 a. C.) pel cònsol Cecili Metel.

La ciutat de València fou fundada pels romans l'any 139, o potser millor el 138. Dins el segle I ab. de J.C. també fundaren la ciutat de Barcelona en l'emplaçament de l'actual barri de la catedral, i li donaren el nom d'un poblat ibèric situat potser al sud-oest de Montjuïc, a l'actual barri de Port.

En arribar els romans al nostre país, van trobar una població que parlava dos llenguatges indígenes: l'ibèric, que era el predominant en el triangle Montpeller-Saragossa-Almeria, i el basc, parlat en una ampla zona al llarg del Pirineu i el Pre-Pirineu des de la Cerdanya vers l'oest. Probablement l'ibèric s'havia superposat al basc des de la Cerdanya a la Mediterrània. A les zones de contacte i superposició, les dues llengües s'havien influït mútuament al llarg dels segles. A Mallorca i Menorca era parlat un altre llenguatge, poc conegut i sens dubte emparentat amb el de la Sardenya pre-romana. A Empúries i a tot el rerapaís del golf de Roses era parlat el grec; i a Eivissa i Formentera la llengua púnica dels cartaginesos.

LES LLUITES CIVILS. — Roma era trasbalsada per les lluites civils: aristòcrates i plebeus es disputaven el poder. Aquestes lluites van repercutir al nostre país. Un home de grans dots polítics i militars, Sertori, va arribar a organitzar a Espanya un poder contraposat al de la metròpolis. Assassinat pel seu lloctinent Perpenna (72 a. C.), i vençut l'assassí per Pompeu, el nostre país va gaudir d'anyades de benestança gràcies a la política d'aquest general romà. Per això, quan Pompeu va haver de lluitar amb el seu rival Cèsar, tingué l'ajut dels naturals. Malgrat tot, Pompeu fou vençut. Algunes accions importants de la lluita tingueren lloc a la contrada de Lleida. Cèsar mateix ens n'ha conservat la relació en la seva història *De bello civile.* El govern de Cèsar fou benèfic per al nostre país, on va fundar diverses colònies. Tàrraco, que fou la més important, capital de la província del seu nom, en rebé el títol de «Victrix» i el nom de «Iulia» i l'impuls de la seva gran època.

L'IMPERI ROMÀ. — Assassinat Cèsar a Roma, les lluites civils van recomençar. El seu nebot Octavi va sortir-ne vencedor i fou nomenat August i «Imperator». Durant el seu govern el nostre país va gaudir de pau i prosperitat, i es pot dir que, en general, la pau i la prosperitat són les característiques de la seva vida en els dos primers segles de règim imperial. La romanització té una influència decisiva per als nostres països, no solament des del punt de vista cultural, sinó també des del material. Molts dels nostres centres de població neixen o es consoliden en aquest temps; les vies romanes estableixen comunicacions segures i permanents entre molts d'ells i amb les terres veïnes i les grans ciutats de l'Imperi; les vil·les romanes faciliten l'explotació agrícola dels camps allunyats dels poblats i prefiguren les grans masies dels temps posteriors; neix l'agricultura de la vinya i de l'olivera; s'estructura una administració pública. Després, les lluites que afebleixen l'Imperi repercuteixen sovint en el nostre poble, però no gaire profundament; i la seva vida és més aviat pertorbada per les bandes de vagabunds, per les incursions dels bàrbars germànics i per les crisis econòmiques que afebleixen l'Imperi. La primera d'aquestes invasions d'una certa importància fou la dels francs que romperen la frontera del Rin vers el 258, travessaren la Gàl·lia, entraren al nostre país i arribaren fins a l'estret de Gibraltar. Pertot arreu van deixar un rastre de destruccions i saqueigs des d'Empúries fins a Elx. Barcelona fou en gran part destruïda; en ésser refeta fou bastida la muralla romana que ha arribat fins als nostres dies.

LES GRANS INVASIONS. — Aprofitant la decadència de l'Imperi romà, els bàrbars germànics hi feien sovint incursions, fins que a les acaballes del segle IV comencen les grans invasions que havien de destruir-lo.

El nostre país també va sofrir-les. Els vàndals van devastar les Balears. Els visigots van establir-se a Barcelona amb llur rei Ataülf (415), que, casat amb Gal·la Placídia, germana de l'emperador Honori, encarna la tendència favorable a Roma. Per aquest motiu fou assassinat pel partit advers. Però aviat els visigots, d'acord amb Roma, van abandonar Barcelona per fixar-se a l'Aquitània. Els sueus, ajudats per una revolta de camperols o bagaudes, van envair el nostre país per la banda de Lleida (450); però foren vençuts pels visigots, que eren aliats dels romans. Amb tot, no passen gaires anys sense que Roma caigui en poder dels bàrbars (476), i llavors els visigots s'apoderen del nostre país i de la major part de la Península i posen fi a la dominació romana. Les illes Balears no foren mai dominades pels visigots. Se n'apoderaren els vàndals, que ja les havien saquejades el 425, fins que en foren expulsats el 534 pel general de Justinià, Belisari, que les incorporà a l'Imperi bizantí.

# 5

# L'ORGANITZACIÓ I LA CULTURA DEL NOSTRE PAÍS SOTA LA DOMINACIÓ ROMANA

Roma duia a tots els pobles que conqueria la seva organització, la seva religió, el seu dret, la seva llengua i el seu art. El nostre país fou un dels més romanitzats de l'Imperi. Cèsar i August foren els principals impulsors d'aquesta romanització, que, com hem indicat, fou transcendentalíssima per a les terres catalanes.

ORGANITZACIÓ DEL NOSTRE PAÍS. — El nostre país pertanyia a la província de l'Imperi romà anomenada Tarraconense o Tarragonesa, amb l'excepció del Rosselló, que pertanyia a la Gàl·lia Narbonesa. La província era governada per un legat nomenat per l'Emperador, i dividida en convents jurídics per a l'administració de justícia. La major part del nostre país pertanyia al convent jurídic de Tarragona, però una llenca a ponent pertanyia al de Saragossa. Del Xúquer vers el sud va pertànyer al convent jurídic de Cartago Nova o Cartagena. Les Balears semblen haver pertangut a aquest mateix convent jurídic. No totes les ciutats gaudien dels mateixos drets; però totes, a mesura que rebien el dret de ciutadania romana, constituïen els municipis, amb llurs magistrats i llurs comicis o assemblees populars per a elegir los. Hi havia també les colònies, que es consideraven com una extensió de Roma. Al nostre país foren: Tàrraco (Tarragona), Bàrcino (Barcelona), Valentia (València), Ilici (Elx), Ruscino (Castell Rosselló). Hi havia, així mateix, nuclis de ciutadans romans, com Emporiae (Empúries), Blandae (Blanes), Iluro (Mataró), Baetulo (Badalona), Dertosa (Tortosa), Saguntum (Morvedre), al continent, i Pollentia (Alcúdia) i Palma, a les illes.

La religió romana. — Sota la influència de la religió romana van desaparèixer dels centres urbans i llurs immediacions les religions indígenes. Es va introduir i practicar a la nostra terra, com a les altres províncies de l'Imperi, el culte de Roma i dels emperadors, elevats a la categoria de déus. El primer temple d'August fou elevat a Tarragona. Hi havia diverses classes de sacerdots, encarregats del culte: el flamen i els augustals.

El cristianisme. — La religió pagana va anar desapareixent sota la influència poderosa del cristianisme, predicat per Jesús, a Judea, en els primers temps de l'Imperi i escampat pels seus deixebles. Hi ha una tradició que ens parla de la predicació de sant Pau al nostre país. Se sap que hi van predicar l'Evangeli sant Feliu i sant Cugat, procedents de l'Àfrica. Per això, quan les persecucions contra els cristians van iniciar-se, la nostra terra va florir fecundament en màrtirs com sant Fruitós, sant Auguri i sant Eulogi a Tarragona, sant Feliu a Girona, sant Cugat a les proximitats de Barcelona i sant Vicenç a València.

El cristianisme fou un altre element essencial en la formació de l'esperit català.

L'Església va imitar l'organització imperial, dividint la Cristiandat en parròquies, bisbats i arquebisbats, i establint així una jerarquia de clergues, bisbes i arquebisbes, al cim de la qual es troba el papa. Els bisbats més antics del nostre país foren els de Tarragona, Tortosa, Lleida i Girona. Després es fundaren els de Barcelona i Egara (Terrassa). Corresponen també a temps antics els bisbats de València, Dénia, Xàtiva i Elx. A les Balears sembla haver-hi hagut bisbe a les tres illes grans des del segle IV.

El dret romà. — Una de les glòries més altes de Roma és el seu Dret. Aquest dret va anar substituint el dret indígena, i, temps a venir, va exercir una gran influència en el geni jurídic català i en l'evolució del nostre Dret.

LA LLENGUA LLATINA. — També els llenguatges indígenes van anar desapareixent sota el llatí; però al mateix temps el van modificar, preparant així l'aparició de la llengua catalana, filla de la llatina. De tota manera la llengua ibèrica era encara parlada a les comarques rurals del mateix bisbat de Barcelona vers la fi del segle IV, i el basc va perdurar a l'Alt Pallars fins als voltants de l'any 1000.

L'ART I LES OBRES PÚBLIQUES — Els romans van portar-nos, així mateix, llur art, reflex de l'art grec. S'han conservat moltes restes de construccions i fins construccions senceres, com l'Arc de Berà (Baix Penedès), la torre dels Escipions (prop de Tarragona), el sepulcre de Favara (Baix Aragó), la torre del Breny (prop de Manresa). Hi ha restes d'amfiteatres i d'aqüeductes, com el de Tarragona, de teatres i circs, com els de Sagunt, i de termes o banys, com a Caldes de Montbui i de Malavella. Hi ha molts ponts amb elements de construcció romana.

Els romans construïen també vies de comunicació. La més important era l'anomenada Via Augusta, que travessava el nostre país des del Pirineu fins a València.

L'art cristià és representat per sarcòfags d'importació decorats amb relleus, com els que han estat trobats a Girona, Empúries, Barcelona i Tarragona; per laudes sepulcrals de mosaic que només trobem al nord d'Àfrica i als Països Catalans; per les *cellae memoriae*, petits edificis senzillíssims que protegien els enterraments, i per altres de més importància, el principal dels quals fou el de Centcelles (Centum cellae), grandiós conjunt funerari, obra del segle IV, dedicat a l'emperador Flavi Constant, assassinat a Elna el 350. Les laudes de mosaic ens revelen els noms d'alguns fidels, com Òptim a Tarragona, Valèria a Son Peretó (Manacor) i Severina a Dénia.

L'AGRICULTURA, LA INDÚSTRIA I EL COMERÇ. — L'agricultura i la ramaderia eren la principal font de riquesa per al nostre país. Molts dels seus millors productes —vins lace-

Arc de Berà.

Mosaic paleocristià de Tarragona.

tans i tarragonins, olis tarragonins i baleàrics, pernils ceretans— eren enviats a Roma. També hi havia algunes indústries, especialment de teixits de lli. El comerç era actiu amb tots els pobles de la Mediterrània. Segons el testimoni de sant Pacià, bisbe de Barcelona, ja aleshores (s. IV) els barcelonins es distingien per la seva activitat en el mercadeig i el trafiqueig i per la seva persecució del guany.

LES LLETRES. — Amb l'arrelament del cristianisme van començar a florir a la nostra terra els escriptors en llengua llatina. Foren els més importants Olimpi, sant Pacià i Dextre. Els dos primers eren bisbes de Barcelona.

# 6

# LA DOMINACIÓ VISIGÒTICA

Els visigots eren els més civilitzats dels bàrbars germànics. Però llur dominació a la nostra terra no va tenir una transcendència profunda per a la formació de la nostra individualitat. Ells van sentir-se enlluernats per la superioritat de la cultura llatina, i, més que no pas destruir-la, van voler assimilar-se-la. Llur influència, tanmateix, va fer-se sentir en el Dret privat, penal i processal, i en alguns aspectes polítics, culturals i militars.

La monarquia de Narbona i Barcelona. — La Tarraconense fou en gran part conquerida (476 o poc abans) pel rei visigot Euric, que tenia la seva capital a Tolosa. Però ben aviat la capital fou traslladada a Narbona, i, després, a Barcelona, perquè tant Tolosa com Narbona havien caigut en poder dels francs. Més tard Narbona fou reconquerida, com tota la Septimània, i ja no se separà de la monarquia visigòtica fins a les acaballes.

Observem, com un fet molt interessant, que es repetirà en la nostra història, aquest primer intent, fracassat en conjunt, de constituir un reialme format per les terres de banda i banda del Pirineu. En aquest intent, com fracassen els visigots, fracassaren els sarraïns, els francs i els catalans.

La monarquia de Toledo. — Atanagild, per desbancar Àgila, va demanar i obtenir l'ajut dels bizantins establerts a les Balears i al nord d'Àfrica. En triomfar, va haver de pagar l'ajut cedint el sud-est i el sud de la Península, des del Xúquer fins a l'Algarve, a l'imperi d'Orient. Llavors la província Cartaginesa es va quedar sense capital perquè Cartagena fou ocupada pels bizantins. Calgué trobar-li una altra capital vers l'interior, que fou Toledo. D'altra banda, la necessitat de disposar d'una base central des d'on acudir a aturar les amenaces de francs, sueus i bizantins i que quedés alhora prou allunyada de tots, va obligar a traslladar la capital de la monarquia, que havia passat de Barcelona a Sevilla i a Mèrida, també a Toledo (554). Aquest esdeveniment és de gran transcendència en la història de la Península perquè dóna lloc a la creació al seu centre d'un focus d'irradiació política i cultural, imposat més per raons militars que pels condicionaments geogràfics. La història de la monarquia de Toledo és de contínues lluites amb els bascos, els bizantins i els francs, i de persecució contra els jueus. Aquest poble s'havia anat establint a la Península des de la destrucció de Jerusalem pels romans (70).

LA REVOLTA DE PAULUS. — La política uniformadora iniciada per Sisebut (almenys des del 613) i accentuada notablement per Reccesvint (653-672), dóna lloc, en el regnat del successor d'aquest, Vamba, a una revolta dirigida pel general Paulus, proclamat rei de l'orient peninsular (673), per Hilderic, comte de Nemze, i per Ranosind, duc de Tarragona. La revolta fou dominada per Vamba, però constitueix una temptativa per a formar un Estat deslligat de la monarquia de Toledo, i és un nou intent per a formar un sol Estat de les terres catalanes i les de la Gàl·lia meridional.

LA FI DE LA DOMINACIÓ VISIGÒTICA. — Després del regnat de Vamba la monarquia visigòtica comença a decaure ràpidament, de manera que, quan els sarraïns es proposen d'envair, des del Nord d'Àfrica, la Península Ibèrica, els visigots són vençuts a la batalla del Barbate (711) i llur imperi es desfà sense resistència.

Des de la mort de Vititza (710) el territori de la monarquia visigòtica s'havia escindit i, mentre el centre i l'oest eren governats per Roderic, l'est i nord-est (i per tant els nostres països) ho eren en nom d'Àquila, fill de Vititza, que va mantenir-s'hi fins al 713. El succeí Ardó, que va veure ocupada Catalunya fins a la Muga en 717-718. El 720 els sarraïns van travessar el Pirineu i van prendre Narbona i potser aquí va morir Ardó. La resta de la Septimània va anar essent ocupada fins que el 725 va quedar totalment sota el domini musulmà. A l'extrem sud dels Països Catalans el comte Teodomir va mantenir un estat cristià autònom des del 713 fins a la seva mort el 743. El va succeir llavors Atanagild, que va poder perdurar fins al 779. El centre d'aquest estat era Oriola i s'estenia des de Llorca fins a Alacant i Villena.

LES INSTITUCIONS VISIGÒTIQUES. — La monarquia era electiva. El rei tenia plenitud de poder. Els visigots, que eren arrians, es convertiren al catolicisme en temps de Recared. Van adquirir gran importància els Concilis generals de Toledo, compostos de clergues i nobles i presidits pel monarca.

Les províncies, semblants a les romanes, eren governades per un duc, i els districtes per un comte. Els municipis eren dirigits per un defensor. Més endavant, havent decaigut aquesta magistratura, foren, en certa manera, els bisbes els qui vetllaren per l'administració de la ciutat.

Al principi els visigots i els hispano-romans es regien per lleis diferents, cadascun dels dos grups per les pròpies. Però, a poc a poc, va arribar-se a la unitat legal, i Quindasvint dictà per a tots la *Lex Visigothorum* o *Liber Iudicum* (654), que va tenir una influència persistent fins al segle XIII.

LES LLETRES. — Aquest període és com una continuació de l'anterior. Les obres són inspirades pel cristianisme i escrites en llatí. Entre els principals escriptors eclesiàstics de la nostra terra cal esmentar: Just, bisbe d'Urgell, Joan de Bíclar, Quirze, bisbe de Barcelona, sant Justinià, de València, i Eutropi, d'aquesta mateixa ciutat. Durant el segle VI i la primera meitat del següent s'observa en els nostres països un notable floriment cultural que sembla declinar en accentuar-se la política uniformadora de Reccesvint.

L'ART. — El temple cristià ve a substituir els monuments

pagans, però a penes ens han arribat romanalles d'esglésies visigòtiques. Sols a Terrassa hi ha restes importants de l'antiga seu. A Barcelona s'han conservat restes d'un important edifici civil del segle v i ornamentacions visigòtiques en la seu paleocristiana.

# 7

# LA DOMINACIÓ MUSULMANA

Malgrat la influència que la cultura semítica, així aràbiga com jueva, va exercir damunt la cultura catalana medieval, la dominació musulmana no va tenir la transcendència directa que va tenir per a altres zones peninsulars. A la Catalunya Vella la dominació fou de poca durada; més llarga fou a la Catalunya Nova (del Llobregat en avall), i més encara a les Balears (aquí més tardana, però no més llarga) i a València. Per això els rastres aràbics en l'idioma són més abundosos a les variants d'aquestes regions i especialment de la darrera. Per contra, aquesta dominació va transcendir indirectament, perquè, amb la Reconquesta, va provocar la formació d'Estats cristians independents. Cal tenir present que les Balears, que ja hem dit que no van pertànyer mai a la monarquia visigoda, van seguir sota una sobirania bizantina cada cop més nominal, van ésser víctimes de repetides incursions sarraïnes i, a partir del 799, queden sota una certa protecció de Carlemany materialitzada a través de les forces navals dels comtes d'Empúries. Durant el segle IX les illes són víctimes de diverses incursions sarraïnes i normandes i el 898 les esglésies de Mallorca i Menorca són posades pel papa sota la jurisdicció del bisbe de Girona. Finalment, el 902-903 les Balears foren incorporades a l'emirat de Còrdova.

L'ORGANITZACIÓ MUSULMANA. — Al començament Espanya fou una província de l'Imperi aràbic; però amb l'emir Abd ar-Rahman I es va fer independent (758). Un dels seus successors, Abd ar-Rahman III, va convertir l'emirat en califat (929). El Califat de Còrdova, que així s'anomenava, va assolir, en el seu temps i en el dels seus successors immediats, una gran esplendor, tant en l'ordre espiritual com en el material. Però, ben aviat, la incapacitat dels califes, les lluites civils i la tendència a la disgregació que ha existit sempre dins la Península, van produir la formació de petits regnes sarraïns independents, coneguts amb el nom de regnes de taifes. Això va afavorir l'obra de reconquesta cristiana.

Les províncies i ciutats importants eren governades per un valí. L'administració de la justícia era encomanada als cadís. Quan el Califat, després d'iniciada la seva descomposició (1008), va acabar desmembrant-se en els regnes de taifes (1035), els valís es van fer reis. Al nostre país hi hagué els regnes de Lleida, Tortosa, Dénia, Mallorca, València i altres de menys consistència.

La condició dels cristians. — Les poblacions que se sotmetien per capitulació al domini musulmà gaudien d'una relativa llibertat, així religiosa com civil. En canvi, les sotmeses per conquesta foren reduïdes, en llur major part, a captiveri o servitud.

Molts cristians van fugir cap a terres encara lliures o cap a França, i van ajudar a l'obra de la Reconquesta. D'altres, convertint-se a l'islamisme, van renegar llurs creences cristianes.

# 8

# LA RECONQUESTA I EL GOVERN DELS FRANCS

Carlemany (768-814).
Lluís el Piadós (814-840)

La reconquesta de Catalunya és una reconquesta franca, mentre que la reconquesta iniciada a Covadonga és una reconquesta visigòtica. Per aquell motiu Catalunya entra a formar part de l'imperi de Carlemany i dels seus successors (carolingis). Així Catalunya, en els inicis de la seva personalitat, va sentir-se poc lligada als altres pobles peninsulars, per als quals els catalans foren «els francs». Així també els lligams amb les terres del Migdia de França, que hem vist iniciar-se en el període visigòtic, no van fer sinó afermar-se. Des d'altres punts de vista fou també molt important la Reconquesta franca. Ja els anirem exposant.

La Reconquesta franca. — Els musulmans, duts de llur deler de conquesta, van entrar a les Gàl·lies. Foren, però, desfets, a la batalla de Poitiers per Carles Martell (732), i els francs van començar a reconquerir la Septimània. Un cop alliberada aquesta regió, les expedicions al nostre país van sovintejar, especialment des del regnat de Carlemany El fracàs de l'expedició d'aquest contra Saragossa (778) dóna lloc a l'emigració de molts cristians del nostre país vers la Septimània, on s'estableixen a l'empar dels reis francs. D'altra banda, el Rosselló fins a l'Albera havia estat alliberat segurament a continuació de la reconquesta de Narbona per Pipí el Breu (759). Ben aviat, la reconquesta del nostre país és represa. Els naturals, tant els refugiats a la Septimània com els que romangueren sota el poder musulmà, hi ajudaven. Girona és lliurada pels seus habitants als representants de Carlemany (785). L'avançament dels francs pels països musulmans continua. Poc abans del 789 el territori d'Urgell, i prèviament el de Cerdanya, havien passat a domini cristià. El 798 aquests comtats són governats pel comte indígena Borrell sota la sobirania dels reis francs, que acorden la restauració de la ciutat d'Osona (Vic) i dels castells de Cardona, Casserres i altres. Lluís el Bondadós, rei d'Aquitània, fill de Carlemany, assetja Barcelona. Deslliurada la ciutat, després d'uns quants mesos de setge (801 o 803), Lluís hi deixa com a governador el comte Berà, un natural del país que probablement era comte de Rasès i Conflent i potser del Rosselló. D'altra banda, els comtes de Tolosa, almenys des dels primers anys del segle IX, havien anat ocupant territoris cada cop més extensos a Pallars i Ribagorça. Tota la Catalunya Vella, o sia des del Pirineu fins al Llobregat, restava reconquerida.

Els països conquerits foren erigits en comtats: Barcelona, Girona, Osona, Empúries, Rosselló, Urgell i Cerdanya.

Entre els comtes de Barcelona, destaca la figura de Bernat de Septimània, el personatge més important de la cort de Lluís el Bondadós, que va succeir al seu pare a l'Imperi franc. Bernat fou marquès de Gòtia, comte de Barcelona i tresorer de l'Imperi. La seva vida és un teixit de lluites i d'intrigues, les quals van acabar, segons la llegenda, amb la seva mort a mans del rei Carles el Calb (844), segons la història, amb el seu empresonament, judici i execució, per ordre del rei, davant Tolosa.

Des del punt de vista eclesiàstic, els comtats catalans depenien de l'arquebisbat de Narbona.

Llur població era formada pels gots o hispans i pels francs, bé que aquests en reduït nombre. Sota aquests noms eren compresos tots els antics habitants. Els francs figuraven entre els qui ocupaven llocs de govern i eren mirats amb hostilitat pels naturals, sempre amants de la independència. Se'n seguiren queixes envers llur dominació i fins i tot algunes revoltes.

L'IMPERI CAROLINGI. — Carlemany, continuant l'obra dels seus immediats predecessors, conquerint el nord d'Itàlia, alguns comtats catalans i la Germània, va estendre molt el regne franc. El papa el va coronar emperador (800). Però el seu successor Lluís el Bondadós va desmembrar l'Imperi i el va repartir entre els seus fills.

L'Imperi es dividia en comtats: ja hem vist els que integraven el nostre país. Els «missi dominici», enviats del senyor, vetllaven l'administració dels comtes.

En l'aspecte social existien institucions que, evolucionant, havien de produir una nova forma d'organització que s'anomena feudalisme. Aquestes institucions foren la recomanació personal i el benefici. D'altra banda, l'anomenat dret d'aprisió permetia l'ocupació en propietat de les terres abandonades. Per la primera, un home lliure rebia la protecció d'un poderós, en canvi de certes obligacions. Pel segon, un gran propietari concedia temporalment una terra segons condicions determinades. També hi havia la recomanació de les terres, per la qual un petit propietari les donava a un gran propietari, i aquest les hi tornava en benefici.

LA CULTURA. — Gràcies a l'esforç de Carlemany es va produir dins l'Imperi una renaixença intel·lectual coneguda amb el nom de Renaixença carolíngia. El nostre país hi va contribuir amb noms tan prestigiosos com els de Teodulf, bisbe d'Orleans; Fèlix, bisbe heretge d'Urgell; sant Agobard, bisbe de Lió; i Claudi, bisbe de Torí. El nostre país, doncs, no sols va formar part territorialment de l'Imperi franc, sinó també intel·lectualment.

La nostra llengua va prendre un cert nombre de paraules franques, si bé reduït. Les escriptures van datar-se pels anys de regnat dels reis de França. La lletra que es va usar fou la lletra anomenada francesa. Les monedes que corrien per Catalunya eren carolíngies.

L'ART. — Quasi no cal dir que l'art, enmig de tantes lluites, no pogué florir sinó pobrament. Sota el govern carolingi van ésser reconstruïdes algunes esglésies destruïdes pels musulmans, entre elles la catedral d'Urgell.

En l'aspecte religiós, la litúrgia franca fou la usada a Catalunya, mentre que a la resta de la Península perdurava la visigòtica o mossaràbiga.

# 9

# ELS COMTATS CATALANS

Dins l'Imperi carolingi hi havia una forta tendència a fer hereditaris els càrrecs. Quan l'hereditat va esdevenir un fet, es va donar un primer pas cap a l'emancipació dels diversos països, entre ells els comtats catalans, perquè els comtes ja no eren nomenats per l'emperador; no calgué sinó aprofitar l'afebliment de la monarquia franca, dominada per lluites civils. Aquests comtats, emancipats de la sobirania franca, van ésser la base on es dreçà la nostra nacionalitat. Els comtats occidentals, o sigui Pallars i Ribagorça, van esdevenir independents el 872 sota el govern del comte Ramon I. El procés d'independització dels comtats orientals va ésser més llarg i complicat.

GUIFRÉ EL PELÓS. — Molt aviat va manifestar-se al nostre país reconquerit l'hostilitat envers la tutela franca i el deler d'independència. Una alta figura patriòtica el simbolitza: la figura de Guifré el Pelós († 897). Era fill de Seniofré d'Urgell, i va aplegar sota el seu govern els comtats de Barcelona, Urgell, Cerdanya, Besalú i Girona; va reconquerir el Montserrat; va fundar el monestir de Sant Joan de les Abadesses; va vivificar el de Ripoll; va repoblar tot el centre de Catalunya i amb això va consolidar la seva unitat interior; va iniciar, en fi, el gloriós casal de Barcelona, la dinastia catalana que havia de regir, durant més de cinc-cents anys, la vida de Catalunya.

La llegenda conta una pila de gestes d'aquest comte. Una de les més conegudes —i de les més tardanes— és la que es refereix a l'origen de la nostra ensenya: Guifré havia decidit amb els seus fidels una victòria dels francs sobre els normands; el premi que n'havia rebut del rei Carles el Calb havia estat l'escut dels quatre pals vermells sobre camp d'or, pintat pel mateix monarca, damunt l'escut de Guifré, amb sang de les seves ferides heroiques.

LA VIDA DELS COMTATS. — Guifré el Pelós va dividir entre els fills els seus comtats de Barcelona, Girona, Urgell, Cerdanya i Besalú. Ultra aquests comtats, hi havia els d'Empúries i Rosselló, i els de Pallars i Ribagorça.

La vida dels comtats catalans és de lluites contra els sarraïns; de relacions amb les cases nobiliàries del Migdia de França, manifestades sovint en enllaços matrimonials; d'aliances o de lluites entre ells. És característica, entre les aliances, la persistència de l'eix Barcelona-Urgell, que fou molt eficaç per a l'obra de reconquesta i per a la de relligament interior. D'altra banda, s'observa la tendència dels comtes a fer expedicions a llunyanes terres sarraïnes, com la marítima de Sunyer II d'Empúries-Rosselló a Petxina, prop d'Almeria (891), i com la de Ramon Borrell de Barcelona i Ermengol I d'Urgell a Còrdova, on van guanyar la batalla d'Acbatalbacar l'any 1010 i on el comte urgellès, conegut amb el sobrenom d'Ermengol el de Còrdova, va morir victoriosament.

En anar-se deslligant del domini franc el nostre país, l'atracció que Itàlia exercia sobre els nobles i prelats catalans d'aquell temps va intensificar-se. No existint encara, reconeguda per tots, cap autoritat dins el país, i anant-se esfumant l'autoritat llunyana del rei de França, Roma, el papa, autoritat espiritual, apareix, fermança de protecció i d'ordre, com el poder ideal, sota el qual convé d'aixoplugar-se. Els pelegrinatges a Roma sovintegen. Seniofré, comte de Cerdanya, Borrell II, comte de Barcelona, i Ató, bisbe de Vic; Miró Bonfill, Oliba Cabreta i Bernat Tallaferro, comtes de Besalú, Ramon Borrell de Barcelona, Ermengol I d'Urgell, i molts i molts altres, van emprendre-hi atzarosos viatges.

# 10

# LA INDEPENDÈNCIA DEL NOSTRE PAÍS I LA SUPREMACIA DEL COMTAT DE BARCELONA

Guifré II, dit també Borrell I (897-911).
Sunyer (897-946).
Borrell II (946-992) i Miró (946-966).
Ramon Borrell (992-1017).
Berenguer Ramon I (1017-1035).
Ramon Berenguer I el Vell (1035-1076).
Ramon Berenguer II el Cap d'Estopes (1076-1082)
i Berenguer Ramon II el Fratricida (1076-1097).

Les lluites entre els reis carolingis i els comtes de París, que volien destronar-los, van afavorir la independència dels comtats catalans. Al mateix temps s'anava afermant la tendència cap a la supremacia del comtat de Barcelona. Aquesta supremacia havia de contribuir a donar unitat política a la nostra terra.

El comtat de Barcelona. — Guifré el Pelós († 897) fou succeït en el comtat de Barcelona conjuntament per dos dels seus fills: Guifré II i Sunyer, els quals, en lluites amb els sarraïns, van estendre llurs dominis per l'altra banda del Llobregat. Sunyer, molt jove, va restar sota la tutela del seu germà i li va ésser atribuït especialment el comtat de Girona. Mort Guifré II (dit també Borrell I), Sunyer va consolidar el domini sobre el Penedès i va arribar a percebre un important tribut dels sarraïns de Tortosa almenys des del 944. Però en temps de Borrell II, fill de Sunyer, els sarraïns, manats per Almansur, van envair el nostre país. Barcelona caigué. Borrell va demanar auxili al rei de França. Però el francès no va poder-lo socórrer, i el barceloní va anar reconquerint el seu territori sense necessitat d'ajut. Havent finit a França la dinastia carolíngia, ni Borrell ni els seus successors no van fer cap acte que signifiqués vassallatge envers la nova dinastia, malgrat que Hug Capet va reclamar-ho de Borrell. Pot considerar-se, doncs, que amb Borrell II comença, de fet, la independència del nostre país. Pren així més efectivitat el procés d'independització respecte al poder franc, iniciat per Guifré el Pelós. El darrer diploma dels reis francs per a Catalunya és del començament del 986.

Ramon Borrell, successor de Borrell II, ultra l'expedició a Còrdova, de la qual ja hem parlat, va dur les seves conquestes sobre els sarraïns fins al Segre i l'Ebre. És el primer comte de Barcelona que va encunyar moneda amb el seu nom. El govern del seu fill Berenguer Ramon I fou, en general, pacífic. Es va dedicar a restaurar el país; en aquesta tasca va comptar amb la cooperació de la seva mare, l'enèrgica i assenyada comtessa Ermessèn, i de l'alta figura de l'abat-bisbe Oliba, impulsor de la Treva de Déu.

LA SUPREMACIA DEL COMTAT DE BARCELONA. — Ja hem indicat que, sota el govern franc, els comtes de Barcelona foren a vegades marquesos de Gòtia. Aquesta supremacia que a vegades els era així concedida, lluny d'esborrar-se amb la independència, es va anar afermant, recolzada en el nucli comtal Barcelona-Girona-Osona i en la capital barcelonina, la sola ciutat important que hi havia aleshores a Catalunya. I en temps de Ramon Berenguer I el Vell (1035-1076) la supremacia apareix ben palesa: ell senyorejava els comtats de Barcelona, Osona i Girona; els comtes d'Empúries i Pallars Sobirà li eren feudataris; el d'Urgell l'ajudava; reietons morescos, principalment el de Lleida, el de Saragossa i el de Dénia i Mallorca, li pagaven tributs; aquest darrer havia reconegut al bisbe de Barcelona la jurisdicció espiritual sobre els cristians dels seus dominis; a l'altra banda del Pirineu adquiria territoris a Carcassona i Rasès (1067-1070).

L'hegemonia no fa sinó afermar-se en els temps de Ramon Berenguer II el Cap d'Estopes i Berenguer Ramon II el Fratricida, anomenats així, aquell, per la seva abundant i rossa cabellera; aquest, pel fet d'haver-li estat atribuïda la mort del seu germà, prop d'Hostalric, un jorn de cacera, a fi de governar tot sol (1082).

Però quan aquesta supremacia apareix com a completament triomfant i segura és sota el govern de Ramon Berenguer III i el de Ramon Berenguer IV; aquell, anomenat el Gran, amb les seves adquisicions territorials a l'altra banda del Pirineu pel seu casament amb Dolça de Provença (1112), amb la restauració de Tarragona i de la seva arxidiòcesi (1118), i amb la incorporació dels comtats de Besalú i annexos (1111) i de Cerdanya i annexos (1117); aquest, dit el Sant, amb el seu encimbellament al tron d'Aragó i el deslliurament de la resta de Catalunya del poder musulmà.

# 11

# LA FI DE LA RECONQUESTA DE CATALUNYA

Ramon Berenguer III (1093-1131).
Ramon Berenguer IV (1131-1162)

DIRECCIONS DE LA POLÍTICA COMTAL. — Quatre direccions d'expandiment s'oferien a l'ambició dels comtes de Barcelona i de llur poble: cap al sud, pels països sarraïns; cap al nord, per la Gàl·lia meridional; cap a l'est, per la Mediterrània, i cap a l'oest, per terres de Lleida i Aragó. En totes quatre direccions van empènyer, hàbilment i poderosament, llur esforç. Sols en una van fracassar: en la direcció ultrapirinenca; i encara això després d'haver arribat gairebé a aconseguir-hi l'èxit.

LA RECONQUESTA CATALANA. — Ja hem vist com havia anat avançant lentament la reconquesta de Catalunya. De sobte, Ramon Berenguer III sembla donar-li un vigorós impuls: conquereix les Balears amb ajuda dels pisans (1114-1115) i fa una expedició vers València. Però les seves conquestes són efímeres. Tanmateix, no són inútils. Ramon Berenguer III el Gran, amb aquestes expedicions contra els sarraïns, amb les seves extenses possessions a l'altra banda del Pirineu, amb el gran impuls que va donar a la marina, amb les seves relacions amb Sicília, va mostrar als catalans el camí de llur futur expandiment, i els donà la consciència de llur força. Durant el seu govern és restaurada Tarragona, seu arquebisbal de la terra catalana, que fins aleshores havia depès eclesiàsticament de la seu narbonesa. Estava, però, reservat a Ramon Berenguer IV de posar fi a la reconquesta del Principat, deslliurant Tortosa (1148), Lleida, Fraga i

Mequinensa (1149), Miravet (1152) i Prades i Siurana (1153) del poder sarraí.

LES FUTURES CONQUESTES. — D'ara endavant les conquestes sobre els sarraïns s'adreçaran a la integració de la Catalunya Gran. El mateix Ramon Berenguer IV, d'acord amb Alfons VII de Castella, va assenyalar-ne els límits, que incloïen els regnes de València i Múrcia (acords de Tudellén, 1151). Prèviament (1147) els genovesos havien reconegut drets especials al nostre comte fins a Almeria, i aquest havia conquerit Llorca i potser Vera (1144) i les havia posseïdes algun temps. Aquests límits foren reduïts per un nou tractat entre Alfons I de Catalunya i Alfons VIII de Castella (Cazola, 1179). La nova delimitació deixava Múrcia a la reconquesta castellana.

# 12

# LA UNIÓ AMB ARAGÓ

EL REIALME D'ARAGÓ. — Paral·lelament a la reconquesta catalana havia avançat la reconquesta aragonesa. Comtat inicialment, Aragó havia estat elevat a la categoria de regne per Sanç el Major, rei de Navarra, que el va deixar en heretatge al seu fill Ramir (1035). El nou regne va annexar-se els comtats de Sobrarb i Ribagorça i va anar avançant de Jaca a Osca (1096) i d'Osca a Saragossa, que fou conquerida per Alfons el Bataller, rei també de Navarra (1118). Mort Alfons sense successió, els magnats aragonesos van cridar a succeir-li el seu germà Ramir el Monjo, bisbe electe de Roda i Barbastre (1134).

ARAGÓ ENTRE CASTELLA I CATALUNYA. — Feia temps que els reis de Castella tenien posades les mires damunt les terres aragoneses, sobretot damunt el regne sarraí de Saragossa. Ara, al·legant drets de successió, Alfons VII de Castella, anomenat l'Emperador, pretenia d'apoderar-se'n. I, en efecte, va ocupar Saragossa i altres poblacions. Ramir va sortir-se'n com va poder, reconeixent-se per aquells territoris vassall del rei de Castella. En la seva tasca de defensa enfront de les pretensions castellanes, va trobar l'ajut del comte de Barcelona Ramon Berenguer IV, que no podia veure amb bons ulls l'expansió del rei de Castella per terres aragoneses.

LA UNIÓ DE CATALUNYA I ARAGÓ. — La manera d'evitar definitivament que Castella s'annexés Aragó era d'unir-lo a Catalunya. I les circumstàncies van facilitar aquesta solució. Ramir el Monjo, que, eixint del monestir per regnar, havia contret matrimoni amb Agnès de Poitiers, n'havia tingut una filla: Peronella. Ramon Berenguer IV era encara fadrí. El seu caràcter i la seva anomenada el feien atractiu als aragonesos, que, en canvi, estaven barallats amb els castellans per lluites recents. Ramir va donar la seva filla en prometatge al comte barceloní, i li va donar al mateix temps el regne d'Aragó, no com a dot ni com a heretatge de Peronella, sinó en plena propietat (1137). Ramon Berenguer va entrar a governar el reialme veí amb el títol de príncep i dominador d'Aragó. I Ramir II, tot conservant el títol de rei, va retirar-se novament a la vida de religió.

Caràcter de la unió. — Així van unir-se Catalunya i Aragó. Geogràficament afins, ambdós dins la conca de l'Ebre, ambdós pirinencs, la geografia facilitava i fins empenyia la unió. Però, pobles ambdós de forta personalitat, cadascun va conservar no solament les seves característiques, sinó també les seves institucions pròpies, i cap dels dos no pretengué d'immiscir-se en la vida de l'altre. El vincle entre els dos era el sobirà, que era rei a Aragó i comte de Barcelona a Catalunya, si bé els catalans li donaven sempre el títol de rei. Cada poble va conservar també el seu idioma; però l'idioma dels prínceps de la dinastia catalana fou el català, com foren les del seu llinatge barceloní les armes que van usar —els quatre pals vermells damunt camp d'or—, i com fou la numeració que els corresponia com a comtes de Barcelona la que van seguir.

Resultats de la unió. — Realitzada pacíficament, en contrast amb altres unions peninsulars, la unió catalano-aragonesa representa la solució harmònica d'un conjunt de problemes plantejats pel contacte entre els dos pobles: problemes de fronteres, perquè ambdós aspiren als mateixos territoris limítrofs, i problemes d'expansió més enllà, perquè ambdós aspiren a la conquesta de València i ambdós tenen interessos similars al Migdia de França. En la doble direcció nord-sud les forces dels dos pobles, en lloc d'entrecombatre's, anaven a conjugar-se. Sols en la direcció mediterrània, al començament, Aragó es mostraria refractari a seguir la política de Catalunya; però també aquesta direcció acabaria imposant-se i els aragonesos hi col·laborarien.

La diferència de caràcters entre ambdós pobles que es manifesta en aquest fet, va manifestar-se també, és cert, en altres aspectes, especialment en les lluites dels aragonesos, aplegats en «Unió» contra els reis catalans, amb vistes a acréixer llurs privilegis (vegeu cap. 26). Però, en definitiva, el balanç de la unió dels dos pobles fou sensiblement favorable i constitueix un dels assoliments més considerables de la gran obra de Ramon Berenguer IV.

# 13

# COMENÇAMENT I RUÏNA DE LA UNIÓ CATALANO-OCCITANA

Alfons I (1162-1196).
Pere I el Catòlic (1196-1213).*

La tendència ultrapirinenca fou, al començament, la més tenaçment seguida pels nostres comtes. Era, però, també la que tenia més amenaces immediates: els reis de França no trigarien a voler estendre els dominis per les riques terres de Provença, del Llenguadoc i de la Gascunya. L'imperi germànic en cobejava també algunes. Aquestes terres es trobaven unides amb Catalunya per llaços d'idioma i de cultura. En totes es parlava la llengua d'oc, idioma romànic germà del nostre; la poesia dels trobadors floria a banda i banda, a Provença i Catalunya es constituïa l'art romànic. Occitània i Catalunya se sentien unides fraternalment, tenien consciència de llur afinitat, i a vegades, fins i tot, sota el nom de catalans eren compreses totes les gents que les poblaven. Un Estat semblava iniciar-se: l'Estat catalano-occitànic, que s'hauria estès des del riu Durença fins al Segura. Catalunya va fracassar en aquesta gran obra, com hi havien fracassat tots aquells qui havien intentat d'estendre llur poder a banda i banda del Pirineu. Els comtes de Tolosa, França i l'Imperi germànic van ésser els rivals més poderosos de la casa de Barcelona en terres de la Gal·lia meridional.

LA INTEGRACIÓ CATALANA. — Durant el regnat d'Alfons I continua el moviment d'integració catalana. Per extinció de

* Aquests dos sobirans de Catalunya foren Alfons II i Pere II d'Aragó, perquè en aquest reialme ja hi havia hagut dos reis que dugueren, respectivament, aquests noms. Cal també tenir-ho en compte pel que fa als altres Alfonsos i Peres.

les corresponents dinasties comtals, són incorporats als dominis del comte-rei els comtats de Rosselló (1172) i Pallars Jussà (1192).

La política ultrapirinenca. — La tendència ultrapirinenca va començar per manifestar-se amb enllaços matrimonials. Ramon Borrell es va casar amb Ermessèn de Carcassona, i per això la casa comtal barcelonina va adquirir drets sobre els comtats de Carcassona i Rasès, que Ramon Berenguer I va fer efectius més tard; i Ramon Berenguer III, casant-se amb Dolça de Provença, va adquirir aquesta regió, que fou heretada per llur segon fill, Berenguer Ramon. En temps de Ramon Berenguer IV, el Bearn es va posar sota la protecció d'aquest comte. En temps del seu fill Alfons I, Provença es torna a unir a Catalunya; el Bearn i la Bigorra es fan feudataris del rei català; Niça i Nemze, Besiers i Carcassona reconeixen la seva senyoria. Drola, en els límits de la Llombardia, li va ésser infeudada. A la mort d'Alfons I (1196), Provença, Millau, Gavaldà i Rasès són heretats pel seu fill segon, Alfons, i la resta dels seus Estats pel seu primogènit, Pere, el qual, casant-se amb Maria de Montpeller, afegeix aquest nou domini a la corona catalano-aragonesa.

La croada contra els albigesos. — En aquell temps s'havia estès pel Llenguadoc l'heretgia albigesa. Per combatre-la fou predicada una gran croada: Simó de Montfort en fou capitost, i foren francesos la major part dels croats. Besiers i Carcassona van ésser preses i horriblement castigades. Pere I, anomenat el Catòlic perquè va anar a Roma a fer-se coronar pel papa i se li va declarar feudatari, va procurar per tots els mitjans diplomàtics deturar la croada, ja que s'adreçava contra vassalls seus i contra l'aspiració secular de la seva nissaga. Veient que tots els esforços eren inútils, va acudir a les armes en ajut dels comtes de Tolosa, de Foix i de Comenge, i davant del castell de Muret es va lliurar la

---

**El rei Alfons I i el jurista Ramon de Caldes.**

batalla que havia de produir la ruïna de la nacionalitat occitànica amb la desfeta i la mort del rei català (1213).

Fi de la influència catalana. — Tots els esforços que després es van fer per mantenir la nostra influència en aquelles terres foren inútils. La casa de França, ara per conquesta, ara per enllaços matrimonials, va anar-se'n apoderant, i Jaume I el Conqueridor va segellar-ne la pèrdua amb el tractat de Corbeil (1258). En virtut d'aquest tractat injust, el Conqueridor va cedir a sant Lluís de França tots els drets que tenia sobre els països de l'altra banda del Pirineu, exceptuant Montpeller, en canvi de la renúncia del francès als drets que sobre Catalunya pogués tenir com a sucessor dels carolingis.

Malgrat tot, el sentiment d'una solidaritat entre les terres catalano-occitanes mai no s'ha esborrat del tot i encara perdura en els nostres dies.

# 14

# LES INSTITUCIONS A L'ÈPOCA COMTAL

Catalunya fou, en els inicis de la seva personalitat, un país d'organització aristocràtica i feudal, per a convertir-se, a poc a poc, en un país predominantment democràtic i urbà. A aquest canvi van contribuir els monarques i els municipis, el poderós municipi barceloní principalment.

El feudalisme. — És anomenada així la forma d'organització política i social que va començar a desenrotllar-se a l'Occident d'Europa en els segles IX i X i que va arribar a la seva plenitud en els segles XI i XII.

Els elements del feudalisme són dos: l'agrupament feudal i la senyoria.

L'agrupament feudal. — El primer es funda sobre el feu, terra o dret immobiliari concedit per un home (senyor feudal) a un altre home (vassall) a canvi de la seva fidelitat i de determinats serveis: combatre per ell, sotmetre's a la seva justícia, ajudar-lo a jutjar, etc. El senyor li deu, en canvi, fidelitat, justícia i protecció. Quasi sempre diversos feus són concedits per un mateix senyor: heus aquí el grup feudal, al qual s'uneixen vilans i serfs. Aquest grup no resta isolat: cada vassall no té deures sinó envers el seu senyor, però aquest pot ésser vassall d'un altre senyor; i neix a poc a poc un encadenament de feus i subfeus, una jerarquia, al cim de la qual es troba el monarca.

Independent el nostre país del reialme franc, el comte de Barcelona va anar esdevenint el senyor més alt de la jerarquia feudal catalana, amb els títols de Príncep i Potestat. Inferiors en jerarquia als comtes eren els vescomtes, els comdors i els varvassors.

La senyoria. — No sols del feu derivava el dret d'un home a manar sobre els altres, sinó també de la senyoria, desmembrament de la sobirania reial que passa a formar part d'un patrimoni privat, sia per concessió reial, sia per usurpació individual. Així els comtes de la monarquia carolíngia van apropiar-se les funcions públiques en profit propi; així van néixer les senyories comtals, entre elles les catalanes, i així van néixer altres senyories inferiors, com les baronies, els vescomtats i les castllanies.

Classes de persones. — Tres classes integren la societat feudal: els nobles, els lliures no nobles (vilans i ciutadans) i els serfs. Els primers, privilegiats, exempts d'impostos i sols judicables per llur senyor, en tribunals de pars; els altres, no privilegiats, suportant semblantment les càrregues tributàries, però distingint-se perquè sobre el serf pesaven diverses incapacitats.

Dins la classe noble es distingeix l'alta i la baixa noblesa. Aquesta és formada pels simples cavallers; aquella, pels magnats.

Més endavant els ciutadans o burgesos van arribar a gaudir de certs privilegis nobiliaris. En alguns indrets de Catalunya els serfs van subsistir amb el nom de pagesos de remença. Eren adscrits a la terra que conreaven, i damunt seu pesaven dures càrregues, anomenades mals usos.

Els Usatges. — Els catalans es regien per la *Lex Visigothorum* o *Liber Iudicum* i pels capitulars francs; però aviat fou necessari un nou codi que recollís els costums feudals. Per això Ramon Berenguer I i la seva muller Almodis, assistits per una junta de magnats i de juristes, van promulgar, probablement el 1064 o el 1068, el nucli primitiu dels *Usatges*, primer codi feudal conegut. Ponç Bonfill March en fou un dels principals compiladors.

Les viles. — Els comtes de Barcelona, per afeblir el poder feudal o per poblar els països de frontera sarraïna, van procurar de suscitar i enrobustir la vida dels municipis, i van concedir franqueses i cartes de població a moltes ciutats i viles, com Barcelona, Olèrdola, Agramunt, Tortosa, Lleida, etc. La Catalunya Nova, o sia del Llobregat en avall, fou, com a més pròxima als sarraïns, la més afavorida.

L'ESGLÉSIA. — De la mateixa manera que el nostre país es va emancipar políticament del reialme franc, així també, eclesiàsticament, es va arribar a emancipar de l'arquebisbat de Narbona. Tarragona, àdhuc abans d'ésser reconquerida, fou erigida pel papa en seu metropolitana; comprenia les diòcesis de Barcelona, Girona, Vic, Urgell, algun temps Elna, i posteriorment Tortosa i Lleida. Més endavant, però, va comprendre també els bisbats aragonesos i algun de Castella i Navarra.

Malgrat totes les xacres que l'afeblien en aquella època, l'Església dugué a terme una obra molt fecunda, salvà la cultura, amorosí els costums. Institució seva fou la Pau i Treva, per la qual es consideraven inviolables certes persones i coses, i es posava un parèntesi a les guerres privades en dies determinats. Els ordes religiosos contribuïren en gran manera a l'obra civilitzadora, especialment l'orde de sant Benet, que es dedicava a l'oració i al conreu de la terra, de les ciències i de les arts. Entre els principals monestirs fundats en aquella època cal citar els de Sant Miquel de Cuixà, Santa Maria d'Arles, Sant Martí del Canigó, Sant Serni de Tavernoles, Santa Maria d'Alaó, Sant Vicenç de Gerri, Sant Esteve de Banyoles, Santa Maria de Ripoll, Sant Joan de les Abadesses, Sant Pere de Roda, Sant Cugat del Vallès, Sant Benet de Bages, Santa Cecília de Montserrat, Sant Pere de les Puelles, Vallbona, Poblet i Santes Creus.

# 15

# LA CULTURA INTEL·LECTUAL I MATERIAL

Durant el període comtal, malgrat les lluites constants amb els sarraïns, Catalunya desenrotlla una cultura pròpia. Apareix la llengua catalana. Es forma un art nacional. En l'ordre material assistim als inicis d'un desvetllament agrícola, industrial i mercantívol. Catalunya comença a esdevenir una potència marítima, com ho proven, entre altres fets, l'expedició de Ramon Berenguer III a les Balears, i sobretot la de Ramon Berenguer IV a Almeria per a facilitar la seva conquesta a Alfons VII de Castella.

LA CULTURA. — Els monestirs eren centres de cultura. Tenien llur biblioteca i llur «scriptorium», on els monjos copiaven manuscrits. El notable avançament cultural de Catalunya, finestra oberta damunt Europa, en la confluència dels influxos francès, italià i aràbic, és demostrat pel fet que en el segle X, el monjo Gerbert, més tard papa amb el nom de Silvestre II, vingui a estudiar-hi ciències, especialment matemàtiques i música. És probable que, a conseqüència de la seva estada entre nosaltres, Gerbert difongués per Itàlia i França l'ús de les xifres aràbigues, de l'astrolabi i de l'orgue. Gotmar, abat de Sant Cugat i bisbe de Girona; Garí, abat de Cuixà, introductor de la reforma monàstica de Cluny a la Península; Ató, bisbe de Vic; Miró Bonfill, bisbe de Girona; Llobet, ardiaca de Barcelona; Llobí, abat d'Arles; Oliba, abat de Ripoll i de Cuixà i bisbe de Vic; Oliba, Arnau, Gualter, Garsies, monjos de Ripoll o de Cuixà; i Ponç Bonfill, un dels redactors dels *Usatges*, són les principals figures

---

**Monestir de Sant Miquel de Cuixà.**

del moviment científic en els segles X-XI. L'abat-bisbe Oliba, sobretot, apareix com l'encarnació de la cultura catalana d'aquells temps. També els semites (jueus i àrabs) anaven desenrotllant llur cultura. Les aljames de Barcelona, Girona i Tortosa, especialment, van produir molt doctes escriptors jueus, com Menahem ben Saruk i Judà ben Barzilai.

LA LITERATURA. — Encara que ja hi degué haver manifestacions literàries en llengua catalana, ens són desconegudes. En canvi ens és ben coneguda la producció llatina eclesiàstica. Hi ha epitafis i elogis fúnebres, com els de Bernat Tallaferro, Ramon Borrell i Ramon Berenguer IV; hi ha delicioses poesies amatòries, com les de l'Anònim enamorat; hi ha himnes de caràcter litúrgic; hi ha sermons; hi ha textos hagiogràfics i historiogràfics.

LA LLENGUA CATALANA. — Del llatí vulgar o parlat, posat en contacte amb altres elements lingüístics, van néixer les llengües romàniques o neollatines, entre elles la llengua catalana. Factors naturals i factors històrics van contribuir a la seva diferenciació. La veiem transparentar-se, cada vegada més clarament, sota el llatí, en documents dels segles IX a XI; i cap a la fi d'aquest segle ja tenim documents en català. De vers 1058 és la *Cançó de santa Fe,* escrita probablement a Cuixà en un llenguatge fronterer entre el català i el llenguadocià. Sembla de la fi del segle XI una traducció catalana del *Forum Iudicum* de la qual conservem només un foli en còpia posterior. A la fi del segle següent apareix el primer text literari amb les *Homilies d'Organyà.*

L'ART ROMÀNIC. — A Catalunya, amb Provença, correspon la glòria d'haver produït una de les formes més belles i més originals dins l'arquitectura: l'arquitectura romànica, nascuda de la influència de l'art bizantí després que les múltiples invasions havien fet perdre la tradició artística romana. L'art romànic ha estat considerat com el nostre art nacional.

Els caràcters de l'església romànica no són fixos, sinó

que van evolucionant. S'hi poden distingir dos períodes. El primer comprèn els segles X i XI; el segon, el XII. La planta és basilical, amb tres naus i tres absis. Al començament, les cobertes són de fusta, però cap a la meitat del segle X apareixen les voltes de pedra, de forma semicircular, llises a la primeria, i sostingudes per pilars rectangulars, com a Sant Pere de Casserres, Sant Llorenç del Munt i Santa Maria de Ripoll. Aviat les voltes són reforçades per uns arcs, que s'anomenen torals, i en el segle XII hom adossa columnes als pilars per a sostenir aquests arcs. Apareix també el cimbori, com a Sant Vicenç de Cardona.

Influències de Provença i Llombardia, dutes per artistes d'aquests països, a iniciativa en gran part de l'abat-bisbe Oliba, van contribuir a la formació i evolució de l'art romànic català. L'orde del Cistell porta nous tipus arquitectònics i n'aferma l'austeritat. L'art moresc influeix en la decoració.

Els claustres, que en el primer període són petits i senzills, es fan amples i sumptuosos; els arcs són sostinguts per dobles columnes; els capitells, decorats ricament. Esmentem entre els més bells els de Sant Cugat del Vallès, Ripoll, Sant Benet de Bages i els de les seus de Girona i Elna.

La decoració, en el primer període, és pictòrica. La pintura es desenrotlla, policroma, pels murs, voltes i absis de l'església. En el segon període és substituïda per l'escultura, la qual produeix obres com la magnífica portalada de Ripoll i els claustres esmentats.

L'art romànic es prolonga fins al segle XIII, quan ja apareixen elements d'art gòtic.

Dins les arts menors, l'argenteria, amb les seves creus romàniques, assoleix un conreu notable.

La reconquesta franca introdueix a Catalunya la litúrgia i el cant romans, que hi conviuen, en els segles X i XI, amb els mossaràbics. Catalunya crea, evolució de la mossaràbiga, una notació peculiar: la notació neumàtica catalana, a la qual acaba sobreposant-se la notació aquitana, íntegrament francesa. Ripoll n'és el principal centre musical. Hi sobresurt la figura del monjo Oliba, autor d'un *Breviarium* de música. Sabem que a Sant Benet de Bages hi havia un orgue que va contribuir a la solemnitat inaugural de la seva església el 972.

AGRICULTURA, INDÚSTRIA, COMERÇ. — L'agricultura i la ramaderia eren la base de la producció i de la riquesa del país. A mesura que la Reconquesta avança, l'agricultura reneix, impulsada, especialment, pels monjos benedictins. La producció era, sobretot, de cereals, blat principalment. Però també era important el conreu de la vinya i de l'olivera. Prats de pasturatge, horts i arbres fruiters completaven el conjunt dels conreus i la producció habituals. També es conreaven algunes plantes industrials, com el cànem i el lli.

A base d'aquestes plantes i de la llana dels ramats es mantenien les indústries tèxtils. Als camps i vilatges es desenrotlla la molineria, la fargueria, la forneria (de calç i de terrissa), les indústries de la pega i de la sal. I, pertot, les indústries de la construcció. A partir del segle XI pren més importància, amb els diversos oficis, la indústria en els nuclis urbans. Tractant-se, com es tracta, d'una economia tancada, en què cada nucli es basta a si mateix, el comerç acostuma a circumscriure's a la comarca. Les fires i els mercats el faciliten, i mercaders del país o forans, fins dels països ultrapirinencs o sarraïns, recorren la nostra terra. Gràcies als progressos de la nostra marina, que persegueix els pirates morescos, el comerç, protegit pels nostres comtes, es va estenent per la Mediterrània, i Barcelona, després del comtat d'Empúries, es posa al davant del nostre moviment mercantil. A la fi de l'època comtal, segons el testimoni d'un israelita viatger, Benjamí de Tudela, Barcelona era visitada per mercaders de Pisa, Gènova, Grècia, Egipte i nord d'Àfrica, mentre mercaders catalans visitaven Alexandria.

LES MONEDES. — Molts dels comtats catalans van encunyar monedes particulars. Es fabricaven a les cases de monedes o seques. Eren d'argent (diners i òbols); i hi havia també els mancusos d'or, d'origen musulmà, o encunyats o fosos entre nosaltres i especialment per Berenguer Ramon I i Ramon Berenguer I, a imitació de monedes aràbigues.

L'argent es va anar barrejant amb metalls inferiors. Augmentant la proporció d'aquests metalls, les monedes d'argent es van convertir en monedes de billó o bassonalla.

L'economia té una base principalment monetària a les ciutats costaneres o pròximes al mar o a la frontera sarraïna. A l'interior les transaccions són essencialment a base d'intercanvi amb valoració monetaria però sense que el diner hi intervingui materialment. La font de moneda o metall amonedable és en gran part el món islàmic a través dels tributs o pàries, del comerç o de les incursions i la pirateria. Quan la invasió almoràvit altera la situació, cal crear nous tributs interiors, com el bovatge, i els morabatins substitueixen els mancusos (pas del segle XI al XII).

# 16

# INTEGRACIÓ DELS PAÏSOS CATALANS

### Jaume I el Conqueridor (1213-1276).

COMENÇAMENT DEL REGNAT. — Pere I el Catòlic, vençut i mort a Muret, deixava el seu fill Jaume en poder del seu vencedor Simó de Montfort. Lliurat als seus súbdits per ordre del papa Innocent III, fou encomanada la seva cura i educació a Guillem de Mont-rodon, mestre del Temple, que va dur-lo al castell de Montsó. La infantesa i l'adolescència de Jaume I s'escolaren enmig de lluites contra la noblesa, a la qual va aconseguir de sobreposar-se.

LES GRANS CONQUESTES. — Tenia llavors vint anys (1228). Era fort i bell. El seu caràcter s'havia format i afermat en les contínues lluites. En el seu pensament niaven grans empreses. Després de la desfeta de Muret, l'expansió catalana per la Gàl·lia meridional havia esdevingut difícil. El rei Jaume anava a emprendre decididament l'expansió de Catalunya per terres hispàniques i a fixar els límits de les terres catalanes.

LA CONQUESTA DE MALLORCA. — En una assemblea a Barcelona (1228) el rei va exposar el seu projecte de conquerir les Balears. Tots els estaments van acollir-lo amb entusiasme, tant els nobles, com els clergues, com els ciutadans. Els aparellaments van començar i, al cap d'un any, l'estol català va sortir del port de Salou (6 setembre 1229). Havent desembarcat l'exèrcit a Mallorca, vençuda, no sense forta lluita, la resistència dels sarraïns, la capital fou assetjada. Al cap de tres mesos de setge era presa per assalt (31 desembre 1229).

Eivissa fou conquerida en el mateix regnat (1235), i Menorca, tributària des de Jaume I (1231), en el d'Alfons II el Liberal (1287).

Així les Balears s'integraven dins el complex políticocultural català, després d'haver pertangut al món islàmic poc més de tres segles. Des de 902-903 havien format part del califat de Còrdova; des del 1014, del regne de Dénia, amb una pràctica independència a partir del 1087; des del 1115, de l'imperi almoràvit, del qual constitueixen el darrer reducte des del 1157; i des del 1203, del domini almohade. Aquestes successives dominacions havien deixat forts ferments de dissensió que van facilitar la conquesta catalana.

La conquesta de València. — La conquesta de València no fou tan ràpida com la de Mallorca. Els aragonesos l'havien començada el 1180 (o almenys abans del 1194) amb la presa d'Olocau, i els catalans amb la de Vinaròs el 1190. Pere el Catòlic la va continuar amb l'ocupació de Benifassà (1208) pel cantó de Catalunya i amb la conquesta del Racó d'Ademús (1210) des del sud d'Aragó. Després del fracàs davant Peníscola (1225), els aragonesos van ocupar Begís i la seva rodalia (1229). Finalment Jaume I va iniciar l'esforç continuat de reconquesta al País Valencià el 1232 amb les preses de Morella i Ares, i va prosseguir amb la de Borriana (1233), Almassora (1234), el Puig (1237) i Almenara (1238). Calgué fortificar el Puig i assetjar la capital. Encara, després de la rendició de la ciutat (28 setembre 1238), calgué lluitar i negociar tenaçment per a continuar avançant. Així foren preses Cullera (1240), la serra d'Espadà (1242), Alzira (1243), Dénia i Xàtiva (1244) i per fi Biar (1245). Posteriorment, calgué reduir tres importants revoltes dels sarraïns que havien quedat establerts en els territoris conquerits: una a mitjan 1245, una altra en 1247-1258, i la darrera en 1275-1277.

La conquesta de Múrcia. — Malgrat que amb la conquesta del reialme de València, Catalunya i Aragó havien arribat

El rei Jaume I i les Corts Catalanes

als límits fixats a llur Reconquesta, temps enrera, per Alfons I de Catalunya i Alfons VIII de Castella, Jaume I, per ajudar el seu gendre Alfons el Savi, amenaçat per una revolta dels sarraïns de Múrcia i Andalusia, va conquerir Múrcia (1266) i la hi va lliurar. Així va restar, ja gairebé definitivament, dins la corona castellana un país conquerit per l'esforç de Catalunya.

Molts catalans anaren a poblar-lo; de manera que, segons el testimoni del cronista Ramon Muntaner, en el seu temps, a la ciutat de Múrcia, a Cartagena i en altres poblacions es parlava català.

El tractat de Corbeil. — Mentrestant, la ruïna de les aspiracions catalanes al Migdia de França havia estat segellada pel mateix Jaume I en el tractat de Corbeil (1258). Per aquest tractat, com havem dit (cap. 13), Jaume I renunciava a favor de sant Lluís de França tots els seus drets sobre les terres de l'altra banda del Pirineu: solament conservava Montpeller.

La croada a Terra Santa. — Jaume I volia coronar les seves lluites contra els infidels rescatant el Sant Sepulcre. Va aparellar una croada que ell mateix volgué dirigir. Però les tempestats van dispersar el seu estol (1269).

L'obra de Jaume I. — Com hem dit, Jaume I va assolir els límits de les terres catalanes previstos pels tractats. Les Balears i València foren poblades de catalans, i la nostra llengua s'hi matisà en variants avinents. Obra seva és, doncs, la formació de la Catalunya Gran.

Amb tot, va cometre l'error de dividir els seus Estats entre els seus fills Pere i Jaume, donant al primer Catalunya, València i Aragó, i al segon les Balears, el Rosselló, la Cerdanya i Montpeller. Aquesta divisió va afeblir la seva obra i fou origen de lamentables lluites.

# 17

# L'EXPANSIÓ MEDITERRÀNIA: I) LA LLUITA PER SICÍLIA (1282-1302)

Pere II el Gran (1276-1285).
Alfons II el Franc (1285-1291).
Jaume II el Just (1291-1327).

Catalunya, finint la seva reconquesta, havia posat les fites quasi definitives de la seva extensió nacional. Ara, sentint-se poderosa i amb energies sobreres, anava a emprendre la seva expansió mediterrània.

L'ocupació de Sicília. — Jaume I, que havia completat les terres catalanes, havia també, en certa manera, preparat el començament de llur expansió, casant el seu primogènit Pere amb Constança, filla del rei de Sicília, Manfré, de la família imperial dels Staufen. Vençut i mort Manfré, i més tard el seu nebot Conradí, per Carles d'Anjou, que va emparar-se de llurs reialmes i que aspirava a formar-se un imperi a la Mediterrània, la corona de Sicília corresponia a Pere i a Constança. Pere va anar treballant per apoderar-se'n, es va atreure partidaris i va estimular la revolta dels sicilians contra Carles i els seus francesos. La revolta va esclatar, i és coneguda amb el nom de Vespres Sicilianes (1282). Pere el Gran va passar amb un estol a l'Àfrica. Els sicilians anaren a oferir-li la corona, i poc temps després ell i els nostres arribaven a Sicília i obligaven els francesos a llevar el setge de Messina. Sicília restava alliberada, i les grans ambicions de Carles d'Anjou rebien un cop mortal.

El desafiament de Bordeus. — Aleshores Carles va desafiar el rei Pere. Aquest va acceptar el repte. Es va acordar de lluitar a Bordeus, que en aquell temps pertanyia al rei

El cronista Ramon Muntaner.

d'Anglaterra. Cadascun dels dos adversaris havia de dur cent cavallers al combat.

Acostant-se el dia preestablert (1.r de juny de 1283), Pere II, que ja havia envaït Calàbria, va tornar als seus regnes ibèrics. Havent sabut que Carles d'Anjou preparava una gran traïció per empresonar-lo, el valerós príncep català va acudir a Bordeus disfressat i amb sols quatre companyons; i el dia abans del combat, cap al tard, va presentar-se a la lliça. Davant la declaració del senescal de Bordeus en el sentit que no podia assegurar-li la neutralitat del camp, Pere el Gran va recórrer a cavall el palenc, va fer dreçar acta de la seva compareixença, i per Castella, vorejant la ratlla de Navarra, se'n va tornar a Aragó. Així va complir aquell gran rei la seva paraula, i així va burlar la traïció de Carles d'Anjou.

La croada contra Pere el Gran. — Per tal d'anorrear un adversari tan temible com era Pere el Gran, el papa Martí IV, que l'havia excomunicat quan conquerí Sicília, va donar els seus reialmes a Carles de Valois, fill del rei de França Felip III l'Ardit, i va fer predicar contra ell una croada per tota la Cristiandat. Catalunya fou envaïda (1285). Però l'heroica resistència de Girona, que va deturar davant els seus murs l'exèrcit croat; la pesta, que va delmar-lo; les victòries navals de Ramon Marquet i Berenguer Mallol, i l'arribada victoriosa de l'estol del gran almirall Roger de Llúria, que havia vençut a Itàlia els estols angevins i s'havia fet senyor de la mar, van obligar els francesos a la retirada, i les desferres de l'exèrcit croat van repassar el Pirineu. Al coll de Panissars els almogàvers i les gents de Roger de Llúria van fer un gran carnatge damunt els fugitius i van recollir un immens botí. El rei de França va morir en arribar a Perpinyà.

Continuació de la lluita. — Poc temps després (nit del 10 a l'11 de novembre de 1285) va morir Pere el Gran, anomenat també «el dels Francesos» per haver vençut la croada. Li van succeir els seus fills Alfons i Jaume: aquell a Catalunya, Aragó i València; aquest a Sicília. Alfons va desposseir de les Balears el seu oncle Jaume de Mallorca, el qual s'havia col·locat traïdorament al costat de França llavors de la croada. La lluita produïda per la conquesta de Sicília va continuar. Mort aviat Alfons II (1291), anomenat «el Franc» o «el Liberal», Jaume va pasar a regir els seus reialmes, mentre llur germà Frederic es disposava a regir Sicília. Les batalles, així polítiques com militars, se succeïen; fins que el papa Bonifaci VIII va aconseguir que els contendents, catalans i angevins, signessin el tractat d'Anagni (1295). Els sicilians no van voler signar-lo, perquè s'hi acordava que tornessin a l'obediència dels Anjou. I, comandats per llur rei Frederic, van lluitar, àdhuc contra Jaume II de Catalunya, fins a aconseguir la victòria amb la pau de Caltabellotta (1302), la qual els assegurà la independència. Molts catalans i aragonesos van prendre part, sota les banderes de Frederic, en aquesta lluita victoriosa per la independència siciliana.

Així va restar Sicília segregada de la corona catalano-aragonesa, però regida per prínceps del casal de Barcelona, i amb nuclis importants de gent catalana, i així va seguir constituint una base per al comerç català, fins que, gràcies a l'hàbil política de Pere el Cerimoniós, va tornar a formar part dels nostres dominis mediterranis en temps de Martí l'Humà (1410) (vegeu cap. 19).

# 18

# L'EXPANSIÓ MEDITERRÀNIA: II) SARDENYA I ORIENT. NORD D'ÀFRICA

Jaume II el Just (1291-1327).
Alfons III el Benigne (1327-1336).
Pere III el Cerimoniós (1336-1387).

Com a conseqüència de les dues paus que van posar fi a la lluita per Sicília, les paus d'Anagni i de Caltabellotta, dos novells camps d'expansió van obrir-se a les energies catalanes: Sardenya i l'Orient. D'altra banda, va continuar la política de penetració al nord d'Àfrica.

La lluita per Sardenya. — El papa Bonifaci VIII, després del tractat d'Anagni, va donar a Jaume II la investidura de Sardenya i Còrsega. Aviat la destresa del català va suscitar a l'illa de Sardenya un fort partit favorable a Catalunya i contrari a Pisa i Gènova, que hi dominaven. Una gran expedició, comandada per l'infant Alfons, va desembarcar a l'illa (1323) i, després de la caiguda d'Esglésies i Càller, Sardenya va entrar a formar part de la corona catalano-aragonesa.

La seva conservació, tanmateix, va produir lluites constants i fortes despeses, perquè Gènova, rival de Catalunya a la Mediterrània, fomentava revoltes entre els sards, malavinguts amb la dominació estrangera.

L'expedició a Orient. — Amb la pau de Caltabellotta, els almogàvers catalans i aragonesos que combatien sota les banderes de Frederic de Sicília, van restar sense objectiu de lluita. Un de llurs cabdills, Roger de Flor, va oferir els seus serveis a l'emperador de Constantinoble Andrònic Paleòleg, que es trobava amenaçat pels turcs. L'emperador va acceptar-los, i al cap de poc temps, la Gran Companyia

Catalana, dirigida per Roger de Flor i per altres valents capitostos, arribava a Constantinoble (1303). Roger fou nomenat per Andrònic «megaduc», i després «cèsar» de l'Imperi, que eren els càrrecs suprems després del d'emperador. Havent passat a l'altra banda del Bòsfor, tot seguit la Gran Companyia començà a fer retrocedir els turcs endins de l'Àsia Menor.

La «Venjança catalana». — Mentre els catalans acomplien llurs ardides gestes i recollien un botí fabulós, s'havia format entre els grecs un poderós partit que els odiava.

L'Acròpolis d'Atenes vista des del Tesèon.

A llur tornada Roger de Flor i molts dels seus cavallers foren assassinats en un banquet a Andrinòpolis. Els catalans van fer-se forts a Gal·lípoli, i, comandats per cabdills com Berenguer d'Entença i Bernat de Rocafort, van començar contra l'Imperi grec una guerra terrible, coneguda amb el nom de Venjança catalana.

ELS DUCATS D'ATENES I NEOPÀTRIA. — Després de travessar i devastar diversos territoris de l'Imperi, la Gran Companyia va conquerir el ducat d'Atenes, dominat pels senyors francs, i va establir-s'hi (1311); més tard va conquerir el ducat de Neopàtria.

Aquests ducats catalans van dependre, al començament, de la corona de Sicília; però en temps de Pere el Cerimoniós van passar a formar part dels dominis dels comtes-reis (1377). No per gaire temps: uns quants anys després queien en poder dels Acciajuoli, senyors florentins (1388).

Les aventures de la Companyia catalana, des de la seva partença de Sicília fins al seu establiment als ducats, ens han estat contades per un dels seus homes, Ramon Muntaner, fill de Peralada, la figura més simpàtica i noble d'aquell estol d'aventurers, un dels més grans dels grans cronistes catalans i heroi de la defensa de Gal·lípoli contra l'atac combinat de grecs i genovesos.

NORD D'ÀFRICA. — Les relacions amb els Estats sarraïns del nord d'Àfrica foren, principalment, de caràcter comercial. Hi hagué també aliances de caràcter militar, i des dels temps de Jaume I els sobirans de Bugia, Tunis i Tremissèn van pagar tributs als sobirans de Catalunya. Hi va haver també, per part d'aquests, propòsits de conquesta i fins algunes expedicions, com les de Pere el Gran (1282) i Alfons el Magnànim (1432). Però aquestes expedicions no foren sinó un graó per a les conquestes d'Itàlia.

# 19

# L'EXPANSIÓ MEDITERRÀNIA: III) LA POLÍTICA DE REINTEGRACIÓ

Pere el Gran (1276-1285), amb el seu cop d'ull d'alt estadista, havia comprès que en l'obra dels seus antecessors hi havia alguns punts que calia rectificar: en l'obra d'Alfons I, el tractat que fixava el nord del regne de Múrcia com a límit de la reconquesta catalana; en l'obra de Jaume I, la cessió d'aquell regne a Castella i la segregació del reialme de Mallorca. La mort li va impedir d'emprendre aquesta doble acció, i les circumstàncies polítiques van obligar-lo a separar encara el regne de Sicília.

La política mediterrània d'Alfons II i Jaume II. — Els fills de Pere el Gran s'esforçaren a realitzar els designis paterns: Alfons el Franc va rescatar Mallorca i Eivissa de mans del seu oncle Jaume II de Mallorca (1285) i va conquerir Menorca als sarraïns (1287), Jaume II, pel tractat d'Anagni, hagué de tornar les Balears al seu oncle, i, pel mateix tractat, hagué de renunciar a Sicília. Però, en canvi, durant vuit anys va posseir el regne de Múrcia, i, si bé finalment hagué de restituir-lo a Castella (1304), va poder conservar-ne una part: la regió d'Alacant, ja per sempre més annexada al regne de València. Aquesta política, que podem anomenar política de reintegració, fou represa pel rei Pere III el del Punyalet o el Cerimoniós, fill d'Alfons III el Benigne i nét de Jaume II. Conca, Almeria i Molina d'Aragó van ésser també tingudes presents en aquesta tasca de reintegració.

La reintegració de Mallorca. — Pere III va seguir la mateixa política que el seu avi per a afegir el regne de Múrcia a la seva corona: afavorir les lluites civils de Castella. Però no va reeixir en l'empresa. En canvi, dotat d'una més gran decisió que Jaume II, i sobretot d'una manca d'escrúpols que mai no va formar part del caràcter d'aquell rei, conegut en la Història amb el sobrenom d'«el Just». Pere el Cerimoniós va aconseguir, després d'una sèrie de lluites amb el dissortat Jaume III de Mallorca, unir novament a Catalunya (1349) aquest reialme que mai no hauria hagut d'ésser-ne separat. Comprenent-ho així, els mallorquins mateixos, que es consideraven catalans, van demanar-ho al rei Pere, a fi d'evitar en l'esdevenidor llastimosos conflictes semblants.

Els reis privatius de Mallorca del Casal de Barcelona, que van regnar durant setanta-tres anys, van ésser: Jaume II (1276-1311), Sanç (1311-1324) i Jaume III (1324-1349). Jaume II no va regnar a les Balears durant 1285-1295, i Jaume III des del 1344 ja només posseïa Montpeller, que va vendre a França el 1349. El fill d'aquest, anomenat Jaume IV, no va regnar mai en els territoris dels seus antecessors; va fugir de l'empresonament en què el tenia Pere el Cerimoniós (1362), va esdevenir rei consort de Nàpols (1363) i va morir a Sòria (1375) després d'uns anys d'inútil lluita per a recuperar els estats del seu pare. La seva germana Isabel reivindicà encara els seus drets a aquests per cedir-los ben aviat a Lluís I d'Anjou.

La reintegració de Sicília. — Per a reintegrar Sicília als nostres dominis, Pere III va seguir procediments una mica més suaus que per a reintegrar-hi Mallorca: va disposar el casament de la reina Maria de Sicília amb els seu nét Martí el Jove. Aquest novell rei de Sicília, darrer brot de la soca dinàstica dels Barcelona, hauria, doncs, aplegat, gràcies a la política del Cerimoniós, tots els territoris que havien format part de la Corona catalano-aragonesa, llevat d'Atenes i Neopàtria. No fou així; funestament per a Catalunya, Martí el Jove va morir abans que el seu pare Martí l'Humà, i fou aquest rei qui, per la seva dissort, va aplegar-los (1410).

El rei
Pere
III

# 20

# L'EXTINCIÓ DE LA DINASTIA CATALANA

**Joan I l'Amador de la Gentilesa (1387-1396).
Martí I l'Humà (1396-1410).**

EL CASAL DE BARCELONA. — Durant més de cinc segles, els prínceps del Casal de Barcelona, descendents de Guifré el Pelós, van regir els destins de Catalunya. Poques vegades ha produït la Història una dinastia tan abundosa en altes figures. Hi hagué grans conqueridors, grans polítics, trobadors, artistes, oradors, homes de lletres i homes de ciència. A vegades, algunes d'aquestes qualitats es van aplegar en un sol monarca. Els noms de Ramon Berenguer I el Vell, Ramon Berenguer III el Gran, Ramon Berenguer IV el Sant, Jaume I el Conqueridor, Pere II el Gran, Jaume II el Just i Pere III el Cerimoniós, per no citar sinó les figures més excelses, són els qui més destaquen en la llarga corrua de comtes i de comtes-reis.

CATALUNYA I ELS REIS CATALANS. — També poques vegades ha produït la Història una dinastia tan íntimament i amorosament compenetrada amb el seu poble. Catalunya fou per als prínceps del Casal de Barcelona «la terra beneïda, poblada de lleialtat», com l'anomenava Pere el Cerimoniós en una hora de perill. Fou llur pàtria, fou el centre i el cor de llur imperi; i la llengua catalana fou la llengua que tots ells parlaven. I, si Catalunya va seguir-los amb entusiasme en totes llurs empreses, també ells van adreçar tota llur política a la major glòria i profit de Catalunya. Amb les franqueses i els drets que van concedir als catalans, van fer-ne un poble tan lliure, que Pere III pogué dir, adreçant-se als representants dels seus súbdits reunits a les Corts de Montsó de 1383: «Si esguardats vostres furs e constitucions e vostres privilegis... veurets que sóts [ = sou] los pus francs [ = lliures] pobles del món»; i el rei Martí pogué exclamar, a les Corts de Perpinyà de 1406: «¿Qual poble és en lo món que sia així franc de franqueses e de llibertats ni que sia així liberal com vosaltres?»

ELS ÚLTIMS REIS CATALANS. — Pere III fou succeït pel seu fill Joan I. Molt donat als plaers de les arts i dels deports, aquest rei va negligir el govern dels seus Estats. Per aquests motius se'l va anomenar el Descurat, l'Amador de la Gentilesa i el Caçador. Ell va instaurar a Catalunya la festa dels Jocs Florals (1393).

Mort Joan I en una cacera, va succeir-li el seu germà Martí l'Humà o el Vell. Aquest monarca tenia un fill, Martí el Jove, rei de Sicília, príncep cavalleresc i generós del qual ja hem parlat (cap. 19). Volent posar fi a les contínues revoltes dels sards, Martí el Jove va aparellar una forta expedició a Sardenya. Tota la noblesa catalana hi era representada. Una gran victòria fou obtinguda a la batalla de Sant Luri (1409). Però poc temps després moria el jovenívol rei de Sicília, i Martí l'Humà restava sense successor directe i legítim.

# 21

# EL COMPROMÍS DE CASP I L'ENTRONITZACIÓ DE LA DINASTIA CASTELLANA

ELS ASPIRANTS A LA CORONA. — Restaven, però, els col·laterals masculins i els descendents per línia femenina. Entre aquells destacaven Jaume, comte d'Urgell, besnét d'Alfons el Benigne, i Alfons, duc de Gandia, nét de Jaume II. Els descendents per línia femenina eren Lluís de Calàbria, nét de Joan I de Catalunya-Aragó per la seva filla Violant, muller de Lluís d'Anjou, i el rei Joan II de Castella i el seu oncle i tutor l'infant Ferran d'Antequera, besnét i nét, respectivament, de Pere el Cerimoniós per la seva filla Elionor, muller del rei Joan I de Castella. L'únic pretendent veritablement popular en tots els regnes de la Corona era Jaume d'Urgell, no sols per les seves condicions personals, sinó també perquè els pobles hi veien el legítim successor. Per contra, els representants de la successió femenina no van aconseguir mai d'ésser populars i llurs drets es consideraven invalidats per costum de la terra, que excloïa les dones de la successió. Així i tot, la candidatura de Lluís de Calàbria, patrocinada per la seva àvia, la reina Violant de Bar, va aconseguir d'aplegar alguns partidaris poderosos, especialment en les altes esferes d'Aragó i Catalunya. D'altra banda, resulta evident que el preferit per Martí l'Humà, com a successor, era Frederic de Luna, fill natural de Martí el Jove, però la il·legitimitat en feia poc viable la candidatura.

L'INTERREGNE. — Mort el rei Martí l'Humà (1410), s'obre un interregne de dos anys. Durant aquest temps les autoritats catalanes i el Parlament de Catalunya s'esforcen a posar pau entre les bandositats que lluitaven a Aragó i València i a aconseguir que aragonesos i valencians apleguin els Parlaments respectius i que, finalment, aplegats els tres Parlaments en un Parlament general, procedeixin a l'elecció del nou sobirà. Però les passions i els interessos que s'agitaven al volt de la qüestió successòria van impossibilitar aquesta solució concorde, que no hauria deixat de donar per resultat l'elecció de Jaume d'Urgell. Per això mateix, els seus enemics van oposar-s'hi. Destacava entre ells l'arquebisbe de Saragossa García Fernández de Heredia. La seva mort, en una disputa, a les mans de l'amic i defensor del comte d'Urgell, Anton de Luna, i dels seus partidaris, va facilitar en gran manera als enemics del comte l'èxit de les seves maniobres. L'arquebisbe era partidari de Lluís de Calàbria. Els seus col·laboradors —el governador d'Aragó Gil Ruiz de Lihori, el justícia d'Aragó Juan Giménez Cerdán i altres—, com sia que Lluís d'Anjou, llunyà com era, no podia prestar-los ajut, van demanar-lo a Ferran d'Antequera, que ja tenia tropes a la frontera aragonesa. Les tropes van entrar a Aragó i van començar la persecució i l'extermini dels partidaris del comte d'Urgell i la captació de partidaris per al pretendent castellà, el qual no sols va suplantar així Lluís de Calàbria en l'ànim de molts dels seus partidaris més conspicus, sinó que va constituir un rival molt més perillós per al comte d'Urgell. Aplegat el Parlament aragonès a Alcanyís, en foren exclosos, mitjançant excomunió del vicari general de Saragossa, Anton de Luna i els seus partidaris, com a autors i còmplices de la mort de l'arquebisbe. Això va determinar l'aplec d'un altre Parlament aragonès a Mequinensa, format pels exclosos d'Alcanyís. Mentrestant, a València la pugna es trobava encesa entre la bandositat dels Vilaragut, partidaris de Jaume d'Urgell, i la dels Centelles, que també van acabar decantant-se per Ferran d'Antequera i cridant tropes castellanes al regne de València. També aquí van formar-se dos Parlaments: el de Vinaròs, majoritari, favorable a Jaume d'Urgell, i el de Traiguera, integrat pels adversaris del comte, els quals, sabent-se en minoria, no van voler participar en el Parlament de Vinaròs. Així es trobava encesa la lluita armada, amb intervenció de tropes castellanes, i així els del Parlament català, reunit a Tortosa, havien de tractar amb els Parlaments bipartits o amb les ficcions de Parlament dels altres regnes.

La intervenció de Benet XIII. — Es barrejava amb la qüestió successòria la qüestió del cisma eclesiàstic. El papa aragonès Pere de Luna, amb el nom de Benet XIII (papa d'Avinyó, però foragitat d'Avinyó i refugiat a Catalunya), que en vida del rei Martí s'havia decantat cap a la successió del seu parent Frederic de Luna, fill natural de Martí el Jove, ara es decantava decididament cap a Ferran d'Antequera, perquè, regent de Castella com era, li mantenia aquells regnes en la seva obediència i esperava que així s'assegurava l'obediència de les dues Corones. Per això va esforçar-se tant com va poder pel triomf de Ferran, i va instar dels Parlaments una ràpida solució, sobretot quan les intrigues de Violant de Bar, sostinguda per França, a favor de Lluís de Calàbria, van fer-li témer el triomf del pretendent francès. Aquest triomf hauria representat la ruïna de Benet XIII, perquè França era el seu principal enemic. I França oferia als Parlaments de Catalunya i Aragó, si nomenaven rei Lluís de Calàbria, no menys que la unió perpètua de Provença a la Corona catalano-aragonesa.

La nominació dels compromissaris. — Sota les instigacions del papa Luna, el Parlament aragonès d'Alcanyís, prescindint dels altres Parlaments, va nomenar dos dels seus elements més destacats, el governador d'Aragó Gil Ruiz de Lihori i el justícia Juan Giménez Cerdán, perquè designessin nou compromissaris, tres per cada país —Aragó, Catalunya i València— que haurien d'elegir el monarca. Immediatament els dos delegats van designar-los i immediatament van presentar-ne la llista al Parlament català de Tortosa, amb l'amenaça que, si no l'acceptaven íntegra, era la ruptura immediata. En aquelles circumstàncies, allò volia dir la guerra civil i la guerra amb Castella. Les tropes castellanes dominaven Aragó, i precisament aquells dies, a Morvedre, va tenir lloc un encontre decisiu entre les tropes castellanes que envaïen València en ajut del bàndol dels Centelles i les tropes valencianes del governador Arnau Guillem de Bellera. La victòria castellana, total, va deixar València enterament a la mercè dels partidaris de Ferran d'Antequera, mentre la notícia de la desfeta, arribada al Parlament de Tortosa gairebé al mateix temps que l'ultimàtum aragonès, va decantar els parlamentaris designats per a tractar d'aquesta qüestió amb els aragonesos, a acceptar els noms escollits pel governador i el justícia d'Aragó, que foren: per Aragó, Domingo Ram, bisbe d'Osca, Francesc d'Aranda, donat de Porta Coeli, i Berenguer de Bardaxí, jurista; per Catalunya, Pere Sagarriga, arquebisbe de Tarragona, Guillem de Vallseca, jurisconsult, i Bernat de Gualbes, burgès barceloní; i per València, fra Vicent Ferrer i el seu germà Bonifaci, l'un dominicà, l'altre cartoixà, i Giner Rabassa, jurista, substituït després per Pere Beltran, jurista també. Així, en lloc d'ésser cada Parlament el qui designés els representants de cada país, fou un sol Parlament qui va designar-los. I en lloc d'ésser una designació feta per persones imparcials, fou feta per persones —Lihori i Cerdán— lligades estretament a un dels pretendents.

La sentència de Casp. — Es pot comprendre, doncs, que, designats en aquesta forma, la majoria dels compromissaris havien de donar el vot a Ferran d'Antequera. S'havia establert per endavant que l'elegit havia de tenir almenys sis vots, i sis en va tenir l'infant de Castella; que havia de tenir-ne almenys un de cada terna, i va tenir els tres vots aragonesos, dos de valencians —els germans Ferrer—, i, malgrat tot, només un de català: Bernat de Gualbes. Sant Vicent Ferrer, que no havia cercat sinó el que ell creia el bé de l'Església, sembla haver estat el principal propugnador de la candidatura de l'infant castellà, en les reunions dels compromissaris, i fou ell qui va anunciar el resultat de l'elecció a la gentada reunida davant l'església de Casp, vila on s'havien celebrat les deliberacions i la votació (28 de juny de 1412).

JAUME EL DISSORTAT. — La sentència de Casp va produir una gran decepció a Catalunya. Amb tot, lligada pel compromís que el Parlament català havia contret, va sotmetre-s'hi. El comte d'Urgell, considerant-se injustament desposseït, va aixecar-se en armes; però, assetjat a Balaguer per Ferran d'Antequera, va haver de rendir-se després d'una heroica resistència (1413). Va ésser dut a Castella, i més tard a Xàtiva, on va morir empresonat (1433).

# 22

# LA POLÍTICA IMPERIALISTA D'ALFONS EL MAGNÀNIM

Com hem vist (caps. 20-21), la mort de Martí l'Humà sense successió havia donat com a resultat final l'entronització d'una nova dinastia, la dels Trastàmara, en el tron catalano-aragonès. Uns prínceps castellans, doncs, van trobar-se de sobte encarats amb el descabdellament d'una política d'expansió, i d'expansió marítima. Ferran d'Antequera, el seu primer representant, va emprendre-la tot seguit amb enfocament d'amples perspectives. Però la seva mort al cap de quatre anys de regnat va impedir-li'n el desplegament. I fou el seu fill Alfons, anomenat el Magnànim, IV a Catalunya, V a Aragó, qui va llançar-se a la seva realització i qui havia de dur els nostres dominis a la seva màxima extensió amb la conquesta de Nàpols.

CONTRAST ENTRE LA POLÍTICA D'EXPANSIÓ DE PERE EL DEL PUNYALET I LA D'ALFONS EL MAGNÀNIM. — Entre els sobirans de Catalunya que van seguir una política d'expansió més activa destaquen Pere III el Cerimoniós i Alfons IV el Magnànim. Però hi ha en l'ideal imperialista d'aquests dos monarques una profunda diferència: Pere III, que estimava amb passió la seva terra, desplegava la seva política en estreta col·laboració amb ella i de cara als seus interessos; Alfons, que duia a la política d'expansió una altra mentalitat, no mesurava prou l'esforç que reclamava als seus súbdits i arribava a posar objectius desproporcionats a les possibilitats dels seus reialmes. Però el seu caràcter i les seves empreses mateixes van donar una gran brillantor al regnat del Magnànim i a la seva pròpia figura.

La conquesta de Nàpols. — La lluita per Nàpols fou llarga i porfidiosa. Catalunya va contribuir-hi generosament amb els seus cabals, els seus homes i els seus estols, perquè hi veia la continuació de la seva política mediterrània. Després de més de vint anys de guerres, després d'haver combatut fortes coalicions, després d'haver caigut el rei mateix presoner del duc de Milà en el combat naval de Ponza i d'haver-se aliat amb el seu vencedor, Nàpols fou conquerit (1443). Però a la seva mort (1458), Alfons el Magnànim, ben al contrari del que hauria fet Pere el Cerimoniós, va separar-lo de la Corona catalano-aragonesa i va donar-lo al seu fill natural Ferran. És aquesta una altra profunda diferència de l'esperit imperialista dels dos monarques.

Política oriental. — D'altra banda, les ambicions d'Alfons IV no van limitar-se a Nàpols: van tenir també per objectiu altres territoris italians, i els països balcànics, on va establir virreis catalans a la faixa adriàtica i a l'Epir

**Segell reial d'Alfons III i medalla d'Alfons el Magnànim.**

i la Morea; l'illa de Castellroig o Castellorizzo, que féu ocupar i fortificar; el regne d'Hongria, que li fou ofert pels magnats hongaresos, entre ells el famós Joan Hunyadi; contrades africanes; la Terra Santa. Foren ambicions excessives, desproporcionades a les forces dels seus regnes, i van contribuir a afeblir Catalunya a causa sobretot de les guerres amb el soldà d'Egipte, que impossibilitaven el comerç amb el Llevant, base de la prosperitat catalana.

UN IMPERI MEDITERRANI. — Així, doncs, els dominis dels nostres reis, en arribar a llur màxima extensió, van estar constituïts per Catalunya, Aragó, València, les Balears, Sardenya, Sicília, Malta, Castellorizzo i Nàpols, i els virregnats d'Albània i Esclavònia. Abans n'havien format part els ducats d'Atenes i Neopàtria; els foren tributaris els regnes de Bugia, Tremissèn i Tunis.

Era un veritable imperi mediterrani. Catalunya podia estar-ne satisfeta. La seva formació, que constitueix una pàgina única a la història de l'Edat mitjana, havia costat molts esforços als catalans. Però si, per les circumstàncies històriques, Catalunya no havia de treure'n tota la glòria i el profit que, sens dubte, aspirava a treure'n, els «regnes dellà mar» com s'anomenaven —Sicília, Sardenya i Nàpols— flanquejarien la vida de Catalunya fins a la guerra de Successió a la Corona d'Espanya, al començament del segle XVIII (cap. 35).

Amb tot, s'havia iniciat als Països Catalans, i especialment al Principat, un procés de decadència. Les terribles epidèmies del segle XIV i començament del XV i el desgast humà i econòmic produït per les guerres de Pere el Cerimoniós, frenaran les nostres possibilitats d'expansió en tots els camps.

# 23

# LA UNIÓ AMB CASTELLA: I) LES RELACIONS DE CATALUNYA I CASTELLA DURANT LLUR COMPLETA INDEPENDÈNCIA

LES ALIANCES. — A vegades, durant l'Edat mitjana, Castella i els Estats catalano-aragonesos van estar en lluita. Castella va cercar, generalment, la coalició amb França. Catalunya va acostar-se més aviat a Anglaterra, la qual va posseir molt de temps extensos territoris a la Gàl·lia.

LA RECONQUESTA. — Va haver-hi, amb tot, períodes de relacions amistoses. Amistosament van ésser fixats els límits de les conquestes en terres sarraïnes, i Catalunya va ajudar més d'un cop els castellans en les lluites contra els musulmans. Ramon Berenguer IV contribuí molt eficaçment amb la seva flota a la primera conquesta d'Almeria (1147). Alfons I de Catalunya va ajudar Alfons VIII de Castella a conquerir Conca (1177). Pere el Catòlic va contribuir a la victòria de les Navas de Tolosa (1212). Jaume I va conquerir Múrcia i va traspassar-la a Alfons X (1266). Altres exemples podrien ésser adduïts. En canvi, Castella no va ajudar mai Catalunya i Aragó en llur obra de reconquesta. Ben al contrari: més d'un cop hi posà entrebancs. I el mateix Alfons X, amb qui tan generosament es comportava el Conqueridor, va treballar per apoderar-se de poblacions que pertanyien a la conquesta de Jaume I i per suscitar alçaments entre els sarraïns de València.

LES GUERRES AMB CASTELLA. — Les guerres entre Castella i els Estats catalano-aragonesos van sovintejar. Sobretot en temps de Pere III el Cerimoniós (1336-1387) van adquirir una gran acritud i van ésser molt duradores; amb la particularitat que en aquest temps les aliances apareixen invertides: França lluita al costat de Catalunya, i Anglaterra al costat de Castella. També lluitava, ensems amb el Cerimoniós, contra Pere el Cruel de Castella, el germanastre d'aquest rei, Enric de Trastàmara, que volia arrabassar-li la corona. Els regnes d'Aragó i de València es veieren envaïts pels castellans; però Pere el Cerimoniós els va obligar a retrocedir, i la lluita va passar a Castella, on, després de moltes vicissituds, Pere el Cruel fou vençut i mort per Enric de Trastàmara (1369).

LA DINASTIA CASTELLANA. — Elevat al tron de Castella gràcies a aquest fratricidi, Enric de Trastàmara no va complir els pactes estipulats amb el català (entre els quals hi havia la cessió del regne de Múrcia), i la guerra es va èncendre novament. En la pau que hi va posar fi es va establir un pacte que havia d'esdevenir transcendental: el matrimoni de l'infant Joan de Castella amb Elionor, filla del Cerimoniós. D'aquest matrimoni, que repugnava molt a Pere III, va néixer Ferran d'Antequera, el qual, elegit pels compromissaris de Casp, va instaurar la dinastia castellana a Catalunya. Els seus representants foren: Ferran I (1412-1416), Alfons IV el Magnànim (1416-1458), Joan II sense Fe (1458-1462 i 1472-1479), i Ferran II el Catòlic (1479-1516).

## 24

# LA UNIÓ AMB CASTELLA: II) ELS PRELIMINARS

La sentència de Casp va preparar la unió de Catalunya i Castella. Els monarques de la dinastia antequerana la van voler suscitar amb enllaços matrimonials, al mateix temps que procuraven de sobreposar-se a Catalunya. Joan II, amb la seva política inescrupolosa i enèrgica, va aconseguir ambdues coses.

ELS ATACS A CATALUNYA. — Ja des de l'arribada de Ferran d'Antequera van sovintejar les qüestions entre el rei i els catalans. Una vegada (1416), a Barcelona, el rei no va voler pagar un impost que tothom, àdhuc el rei, havia de pagar: el vectigal de la carn i del peix. Davant l'actitud enèrgica del Consell de la ciutat, representat per Joan Fiveller, conseller segon, hagué de sotmetre's. En una altra ocasió, Alfons el Magnànim fou obligat a separar de la Casa reial tots els oficials castellans. Aquestes i altres espurnes de recíproca hostilitat van esclatar en una revolució contra Joan II, germà i successor d'Alfons.

LA REVOLUCIÓ CATALANA. — Joan II es va casar dues vegades. Del primer matrimoni, amb Blanca de Navarra, tenia un fill, el príncep Carles de Viana, odiat per ell, però adorat pels catalans. Joan II va perseguir-lo; els catalans van defensar-lo. La reacció de Catalunya va imposar a Joan II la concòrdia de Vilafranca, triomf màxim de la visió constitucionalista i pactista dels catalans contra les tendències vers l'absolutisme reial (1461). El príncep Carles era reconegut com a primogènit i lloctinent perpetu, el rei no podria entrar lliurement al Principat i hom adoptava importants mesures de garantia contra els abusos del poder. Mort el príncep, minat per la malaltia i els disgustos (emmetzinat, però, segons la murmuració popular, per la seva madrastra Joana Enríquez), va esclatar una revolució. La Generalitat es va posar al capdavant del moviment. El rei, que havia aconseguit l'ajut de Lluís XI de França i li havia empenyorat el Rosselló, fou destituït. La lluita s'abrandà, i va durar deu anys. Durant aquest temps Catalunya va elegir els seus sobirans, i la corona comtal fou cenyida per Enric IV de Castella (1462-1464); per Pere, conestable de Portugal, nét de Jaume d'Urgell (1464-1466); i per Reiner d'Anjou i de Provença, nét de Joan I de Catalunya-Aragó (1466-1472). Assetjada, a la fi, Barcelona, el rei, cansat de guerrejar, va oferir la pau. Les condicions proposades per ell significaven, enmig de llur situació difícil, una victòria per als catalans, i Barcelona va acceptar. El monarca va jurar novament les Constitucions de Catalunya.

Malgrat un semblant acabament, aquesta guerra tan llarga i porfidiosa, que intenta la rectificació violenta de la Sentència de Casp, va desballestar l'economia catalana, empobrint la terra i abatent la marina i el comerç, i va deixar de moment un tros de Catalunya, el Rosselló, en poder dels francesos. D'altra banda, havia dividit els catalans, perquè el rei i la reina, durant la lluita, havien aconseguit d'atraure's partidaris no sols entre la noblesa i la clerecia, sinó també entre el poble: a favor de Joan II havien lluitat els pagesos de remença. El rei els havia fet creure que resoldria llur problema favorablement a llurs interessos. Però al final de la guerra es van trobar si fa no fa com abans i van ésser objecte de greus mesures de repressió.

El matrimoni de Ferran i Isabel. — Hem dit que la política de Joan II va provocar la unió de Catalunya i Castella. Efectivament, gràcies a aquella política, l'infant Ferran, nascut del segon matrimoni del rei, va casar-se amb Isabel, hereva dels regnes castellans (1469). Morts Enric IV de Castella (1474) i Joan II de Catalunya-Aragó (1479), llurs corones s'aplegaren en els joves prínceps coneguts amb el sobrenom dels Reis Catòlics. Va ésser una unió purament matrimonial que va mantenir separades les institucions d'ambdues corones, les quals van tornar a separar-se a la mort de la reina Isabel (1504).

# 25

# LA UNIÓ AMB CASTELLA: III) ELS REIS CATÒLICS

## Ferran II el Catòlic (1479-1516)

El regnat dels Reis Catòlics assenyala un període de transició en el camí cap a la unió de Catalunya amb Castella. Les dues corones, aplegades en Ferran i Isabel, continuen essent independents, i llur unió, que va ésser bàsicament una unió personal sense òrgans comuns de govern, no es realitza sinó en la persona de Carles de Gant, o sia l'emperador Carles V, nét dels Reis Catòlics per la seva mare la reina Joana la Boja, casada amb Felip el Bell d'Àustria.

La supremacia castellana. — Tant Ferran com Isabel, castellans per llur nissaga i per llur idioma, van voler que Castella tingués la primacia entre tots llurs reialmes i fos el centre de llur imperi. Força més extensos i amb més població que els de la Corona catalano-aragonesa, molt més a la mercè de la voluntat reial, a causa de llurs institucions, els països de la Corona de Castella oferien determinades condicions favorables perquè els monarques en fessin la base de llur actuació. Però, com a conseqüència de la primacia concedida a Castella, Catalunya hagué de passar tot seguit a un lloc secundari. El rei no hi va fer sinó poques estades, amb els consegüents endarreriments i desconeixences en el despatx dels afers, i amb la consegüent anada de catalans cap a la cort castellana. Per això també Ferran el Catòlic va introduir a Catalunya alguna institució d'origen castellà com el Tribunal del Sant Ofici (1487), va designar prohoms castellans per a l'exercici de càrrecs importants a Catalunya i als altres països de la seva corona, i va adreçar-se a vegades en castellà als seus súbdits de llengua catalana. També tropes castellanes van entrar aleshores a Catalunya.

ALTRES ASPECTES DE LA POLÍTICA DE FERRAN II. — Ferran II va aprofitar-se de la decadència de Barcelona i de les institucions catalanes, de les falles que hi havia en llur administració i de les lluites entre els partits que se la disputaven, per intervenir-hi i convertir-les en instruments dòcils a la seva voluntat. D'altra banda, mesures com l'establiment de la Inquisició castellana i l'expulsió dels jueus (1492) foren funestes per a la vida econòmica catalana. En aquestes qüestions, malgrat la crisi que llavors travessava Catalunya, i malgrat les protestes i els precs dels catalans, el rei Catòlic va mostrar-se irreductible. En canvi, en altres aspectes, a partir de l'any 1492, va procurar d'afavorir els esforços per al redreçament de l'economia catalana, especialment de la ciutat de Barcelona.

L'ALÇAMENT DELS REMENCES. — En temps de Ferran II va ressorgir potent la qüestió remença, que el seu pare no havia solucionat. De lluny estant, el Rei Catòlic va ocupar-se'n, però inicialment amb tan poca fortuna que les autoritats catalanes van arribar a creure, no sense alguns motius, que el rei encoratjava els remences en llur actuació. No fou sinó al cap d'un cert temps, quan la lluita ja havia tornat a ensangonar la nostra terra, que Ferran II va decidir-se a donar solució a un problema tan greu i va dictar, encertadament i benèficament, encara que assegurant-se un gran profit personal, la sentència arbitral de Guadalupe (1486).

EL DESCOBRIMENT D'AMÈRICA. — En el regnat dels Reis Catòlics va ésser descoberta Amèrica per Cristòfor Colom (1492). En general, el descobridor és considerat com a genovès, però no manquen historiadors que, amb vàlids arguments, sostenen que era català. Malgrat això, malgrat haver estat feta l'expedició amb cabals de la Corona catalano-aragonesa, malgrat que en la segona expedició de Colom els caps de les missions religiosa i militar eren els catalans fra Bernat Boïl i Pere Margarit, els Reis Catòlics van concedir aviat a Sevilla el monopoli del comerç amb Amèrica; i Catalunya, que amb la caiguda de l'Imperi bizantí en poder dels turcs havia perdut els seus magnífics mercats d'Orient, va veure així barrat aquest nou camí d'expansió.

La política exterior. — La rivalitat entre França i Catalunya pels dominis italians va continuar. Hi havia, encara, el problema del Rosselló, que es trobava en poder del francès des del temps de Joan II.

Ferran II sortí victoriós: va rescatar el Rosselló (1493) i es va apoderar de Nàpols (1504). En les lluites d'Itàlia es va distingir Joan Ramon Folc de Cardona, el qual fou generalíssim de la Santa Lliga contra Venècia. El seu sepulcre, que és una bella mostra d'estil Renaixement, es troba a Bellpuig.

La política africana fou represa, i foren conquerits Orà, Bugia, Alger i Trípoli.

La successió de Ferran II. — Morta la reina Isabel (1504), Ferran, foragitat de Castella, es va casar amb Germana de Foix, i va tenir-ne un fill. Però aquest fill, hereu de la Corona catalano-aragonesa, va morir tot seguit. Aleshores l'hereu de Ferran fou el seu nét Carles, fill de Joana la Boja de Castella i de Felip el Bell d'Àustria. Ell va aplegar les corones d'Aragó i Castella, i a més a més els dominis de la casa de Borgonya i l'Imperi alemany. El seu pare Felip el Bell no va ésser mai rei de la Confederació catalano-aragonesa. A la seva mort (1506), Ferran va ésser cridat novament a Castella com a administrador en nom de la seva filla Joana. Poc després Navarra era ocupada (1512) i incorporada a la Corona d'Aragó com corresponia, però el 1515 va ésser arbitràriament annexada a la Corona de Castella. Poc després Ferran II moria, lluny dels seus Estats patrimonials, a Madrigalejo (1516).

## 26

# LES INSTITUCIONS DE CATALUNYA: I) EL SOBIRÀ

El príncep és acceptat pels catalans perquè es compromet, mitjançant jurament, a observar llurs constitucions i privilegis: si no, no ho fóra. La seva sobirania es funda, doncs, en un pacte. A Mallorca i València pren el títol de rei, però a Catalunya continua usant el de comte de Barcelona. La corona es transmet per herència, i en són excloses les dones.

El rei es troba al cim de la jerarquia feudal i administrativa. Té potestat legislativa al costat de la de les Corts, i exerceix el poder executiu. El poder judicial resideix en ell i, per delegació seva, en els jutges. Per a jutjar és, generalment, assessorat per la Cúria. Li pertany, a més a més, la potestat de decidir la guerra o la pau.

El rei té la seva Cort, el seu Consell, la seva Casa, els seus oficials. Llur complet ordenament fou fet per Pere III. Per això se l'anomena el Cerimoniós.

L'hereu de la corona és el Primogènit, el qual té per dret propi el càrrec de Governador General dels regnes, i des dels temps de l'infant Joan, fill de Pere el Cerimoniós, el títol de duc de Girona.

L'AFERMAMENT DEL PODER REIAL. — El poder reial va afermar-se des de Jaume I, no sense passar per períodes de profunda crisi, com en temps d'Alfons II el Franc, el qual fou obligat pels rics-homes aragonesos a ratificar l'abusiu Privilegi de la Unió concedit pel seu pare. Jaume II, amb la seva destra i sàvia política, va aconseguir de sobreposar-se a la Unió i disgregar-la. Però fou el seu nét Pere III el Cerimoniós qui va destruir-la definitivament, sostingut pels catalans, i també per aragonesos, després d'haver-la vist propagar-se per València i d'haver sofert les seves imposicions. A la batalla d'Èpila (1348) foren vençuts els unionistes, i el rei Pere va esquinçar el Privilegi de la Unió amb un punyal que sempre duia. Per això també se l'anomena el del Punyalet.

Aquesta victòria sobre la noblesa, el caràcter imperatiu i magnificent de Pere III, i, sobretot, les tendències de l'època, que s'adreçaven cap a l'absolutisme monàrquic, van augmentar molt el poder reial.

Els reis de la dinastia castellana van continuar l'obra d'afermament reial, però amb un esperit diferent del de Pere III. Ferran el Catòlic (1479-1516) ja té moltes característiques de monarca absolut.

LES RENDES DE LA CORONA. — La Corona percebia nombroses rendes. Esmentem entre les principals: les tributacions regulars dels municipis, les de les comunitats jueves i sarraïnes, les recaptacions de duanes, els monopolis, sumes rebudes per la concessió de privilegis especials, rèdits procedents de l'exercici de certes professions, alienacions de propietats reials, donatius votats per les Corts, etc.

Al cim de l'administració financera es trobava el Mestre Racional. En depenien el Tresorer, que efectuava els ingressos i les despeses de la Casa reial, i l'Escrivà de ració, que distribuïa les racions entre el seguici del rei.

LA REPRESENTACIÓ EXTERIOR. — El rei és representat en alguns països estrangers per «procuradors» que hi resideixen, tramiten els seus afers i l'informen de la marxa de la política. Missions especials són sovint encomanades als «ambaixadors».

# 27

# LES INSTITUCIONS DE CATALUNYA: II) POLÍTIQUES I ADMINISTRATIVES, CIVILS I ECLESIÀSTIQUES

Sota el govern dels monarques catalans, Catalunya va desenrotllar les seves institucions d'acord amb l'essència del seu caràcter: llur conjunt constitueix una sàvia i veritable organització democràtica. Així Pere III i Martí l'Humà van poder anomenar el nostre poble el poble més lliure del món.

LES CORTS. — Es pot dir que les Corts catalanes van començar a funcionar en temps de Jaume I, i van prendre forma concreta en el regnat de Pere el Gran (1283). Hem de buscar llur embrió en les assemblees de Pau i Treva iniciades dins la primera meitat del segle XI. Es componien de tres braços: l'eclesiàstic o de la clerecia, el militar o de la noblesa, i el reial o de les viles. El rei convocava les Corts i les obria amb un discurs o «proposició reial». Les Corts legislaven. Si les lleis aprovades eren proposades pel rei, s'anomenaven constitucions, si eren proposades pels Braços, capítols de Corts. Les lleis donades pel rei sense la col·laboració de les Corts, s'anomenaven «actes de Corts», i perquè tinguessin força calia que elles les ratifiquessin.

A fi de facilitar la tasca del monarca i la seva assistència a les Corts, a vegades s'aplegaven simultàniament, en una mateixa població, els representants dels tres pobles, i se celebraven Corts simultànies de catalans, aragonesos i valencians. La població escollida era, en general, Montsó.

El rei hi feia aleshores una sola proposició o discurs per a les tres Corts. Aquest discurs era fet en català, i com una solució transaccional, perquè els aragonesos protestaven, es va acordar, en temps del rei Martí, que la resposta dels Braços fos feta en aragonès.

En una de les darreres sessions de les Corts, els Braços aprovaven el «donatiu», suma que atorgaven al rei per a un servei o serveis determinats.

La Diputació del General. — Les grans despeses produïdes per les guerres de Pere el Cerimoniós amb Castella, van obligar les Corts a instituir un organisme permanent de recaptació. Aquest és l'origen de la Diputació del General o Generalitat de Catalunya. L'organisme es componia de tres diputats, un per cada Braç, i de tres oïdors de comptes. Llur comesa durava tres anys.

Les funcions encomanades a la Diputació del General eren: financeres (cobrava diverses contribucions, que dipositava a la Taula de Canvi de Barcelona i que anava despenent després segons calia), polítiques (vetllava pel compliment de les constitucions), militars (proveïa sempre a la defensa de les costes i, en casos d'invasió o d'inobservança de les constitucions, a la defensa del país) i judicials (sentenciava en casos de disputa entre els habitants i les autoritats, i perseguia els criminals).

N'hi ha prou amb aquestes indicacions per a comprendre el gran poder de què la Diputació gaudia. La guerra contra Joan II, menada sobretot per la Generalitat, va deixar-la força afeblida, i Ferran el Catòlic va aprofitar-se'n per a intervenir-hi i modificar-ne alguns aspectes.

L'administració. — El territori català era dividit en vegueries. Al cap de cadascuna es trobava el veguer. Tenia autoritat judicial i policíaca: així jutjava civilment i criminalment en primera instància, feia complir les ordres superiors, feia observar la pau i treva, perseguia els malfactors, etc. Era responsable davant el Procurador reial, cap de l'administració; i, si aquest no havia estat nomenat, davant el rei. Al davall del veguer hi havia a vegades un sots-veguer.

Per a l'administració del patrimoni reial hi havia els batlles, amb poder judicial. Eren responsables davant el Batlle general de Catalunya.

ELS MUNICIPIS. — Després d'alguns intents de la fi del segle XII, a partir de mitjan segle XIII la vida municipal va florir esplendorosa a Catalunya. Els municipis rebien el nom d'universitats, i eren formats per un gran consell, de caràcter consultiu, i un petit consell amb facultats administratives i executives. Els membres del gran consell s'anomenaven, en general, paers; els del petit, consellers. Els municipis tenien hisenda pròpia i imposaven diversos tributs. El més poderós dels municipis catalans fou el de Barcelona (cap. 29). Els ciutadans, segons els oficis, s'aplegaven en confraries i gremis per ajudar-se i organitzar el treball.

ELS ESTAMENTS SOCIALS. — Subsisteixen durant els segles XIII-XV les distincions de classe assenyalades en el període comtal, però amb tendència a atenuar llur separació. El règim feudal evoluciona i la noblesa va perdent el seu poder davant la creixença del poder reial i del poder municipal. En el segle XV, factors econòmics i l'atracció de la Cort tendeixen a convertir-la en cortesana.

A les grans ciutats es forma una aristocràcia mercantil coneguda amb el nom de mà major, mentre els mercaders formen la mà mitjana, i els artesans la mà menor. L'aspiració al regiment dels municipis provoca lluites entre aquests estaments. L'alta burgesia, que monopolitza la direcció de les ciutats, ha d'acabar cedint a l'empenta de les classes populars. Però les unes i les altres, i el poder municipal en conjunt, han d'acabar cedint al poder reial, que, recalcant-se ara en aquelles, ara en aquestes, aconsegueix d'imposar-se.

Els pagesos de remença, que havien passat per diverses alternatives de millorament i d'empitjorament de llur condició, de disminució i d'augment de llur nombre, acaben redimint-se, segons hem dit, en temps de Ferran el Catòlic, després de la sentència de Guadalupe (1486). Alliberada així, la pagesia cobra un sentiment de dignitat i de patriotisme, fins al punt que ella servarà pur i pregon, en els segles de decadència, el caliu de catalanitat.

En conjunt, la població de Catalunya, segons el cens atribuït al 1359, però realment de 1378-1385, s'acostava molt als 400.000 habitants.

L'ESGLÉSIA. — L'Església catalana va seguir la marxa ascendent de Catalunya. Malgrat les pretensions de l'arquebisbat de Toledo, Tarragona fou la seu metropolitana de totes les terres catalanes i, fins a la fundació de l'arquebisbat de Saragossa (1318), també de les aragoneses. Més tard (1492) fou elevada així mateix a metropolitana la seu de València. Un gran nombre d'eclesiàstics i religiosos figura en les rengleres de la nostra literatura i de la nostra ciència. Se celebren concilis provincials on es prenen importants acords per al bon règim de l'Església catalana. Ordes religiosos continuen creant monestirs a la nostra terra. Se'n funden de nous: exclusivament religiosos els uns, com el de la Mercè, fundat en temps de Jaume I per a la redempció de captius; religioso-militars els altres, com el de Montesa, fundat per Jaume II. Aquest orde va heretar els béns dels templers catalans, quan l'orde del Temple, creat per a la defensa del Sant Sepulcre, acusat de diversos crims, fou suprimit arreu del món.

Quan el Cisma d'Occident va dividir la Cristiandat en dues obediències —una part que obeïa el papa de Roma i l'altra el d'Avinyó—, Pere III va restar neutral. Però Joan I es va decantar per la Seu avinyonesa, la qual fou regida durant uns quants anys per l'aragonès Pere de Luna amb el nom de Benet XIII, ben sostingut pels catalans. Resolt el Cisma en el Concili de Constança (1414-1418) amb l'elecció de Martí V, Ferran d'Antequera, que devia a Benet XIII la corona d'Aragó, va separar-se de la seva obediència. Pere de Luna, retirat al castell de Peníscola, va continuar considerant-se papa fins a la mort. Encara el va succeir, amb el nom de Climent VIII, el també aragonès Gil Sánchez Muñoz que va acabar renunciant el 1429.

ELS JUEUS. — Els jueus van formar nuclis importants de població. Vivien en barris a part, anomenats calls. Es dedicaven a la indústria i al comerç. Al començament foren tractats amb tolerància, però després foren perseguits pel poble. El 1391, per suggestió de predicadors castellans, hi hagué a Catalunya, com arreu de la Península, grans matances de jueus. El call de Barcelona fou destruït. Joan I va fer penjar els culpables. Fou l'únic rei dels Estats peninsulars que gosà fer justícia. I és que els reis catalans van protegir sempre els jueus perquè eren un element de riquesa. Prou s'hi va conèixer quan els Reis Catòlics els van expulsar.

# 28

# LES INSTITUCIONS DE CATALUNYA: III) EXÈRCIT I MARINA, INDÚSTRIA I COMERÇ

L'EXÈRCIT. — Es componia dels feudataris i de les milícies comunals que, cridats pel rei, prestaven llur servei, i de tropes mercenàries. Eren aquestes, principalment, els almogàvers, soldats d'infanteria lleugera, molt valents i molt frugals, que van prendre una part decisiva en les conquestes dellà mar.

Per a impedir invasions estrangeres i per a conservar l'ordre dins el país, existia el sometent. Tots els homes capaços de dur armes el formaven. No havia de servir fora del Principat. El de Barcelona era, naturalment, el més important, dividit per gremis i dirigit pel Conseller en Cap. Cal distingir el sometent general, convocat pel príncep en cas de perill, dels sometents de les vegueries, destinats a perseguir-hi els delinqüents.

LA MARINA. — Ja a l'època comtal la marina catalana va adquirir força importància, i des del regnat de Pere el Gran fou la mestressa de la Mediterrània occidental. Existien l'estol reial, sostingut pel rei i destinat a la guerra; el de la Llotja, destinat a protegir els vaixells mercants; el de la Diputació, destinat a defensar les costes; i el de Barcelona, destinat a vigilar el port. N'hi havia d'altres de menor importància. En cas de guerra s'armaven vaixells mercants. I eren sovint simples ciutadans i mercaders els qui aparellaven les grans expedicions marítimes. Així Ramon de Plegamans va aparellar l'expedició de Jaume I a Mallorca, i Ramon Marquet i Berenguer Mallol la de Pere el Gran a l'Àfrica i Sicília.

Els tipus més usuals de vaixells foren els següents: les galeres, que podien ésser grosses i subtils; els uixers, de forma de galera però amb menor nombre de rems i amb castells a proa i popa, i a més a més, si es tractava del vaixell almirall, al centre; naus auxiliars, com els galiots, els llenys i les corses, i naus de transport, com les búrcies i les tarides. N'hi havia de molts altres tipus, que seria prolix d'enumerar.

Les lleis marítimes dels catalans eren molt rigoroses, i la disciplina, severíssima. Això va afavorir llurs victòries.

Tota la gent de guerra, que era formada pels ballesters i els homes d'armes, depenia del conestable, i tota l'armada, de l'almirall, personatge importantíssim al nostre país. Citem, entre els més cèlebres, Ramon Marquet, Berenguer Mallol, Roger de Llúria, Galceran Marquet, Ponç de Santa Pau, Bernat de Cabrera i Bernat de Vilamarí. En el regnat de Pere el Cerimoniós foren dictades les ordinacions navals per al règim de l'armada.

LA INDÚSTRIA I EL COMERÇ. — S'explotaven les mines del Pirineu. Les indústries manufacturades van anar prosperant en moltes ciutats de Catalunya, especialment la de teixits, que eren objecte d'exportació. A mitjan segle XIV la indústria llanera havia conquerit els mercats d'Itàlia, on s'enviaven no solament llanes en brut, especialment del Maestrat, sinó també draps fabricats en diversos indrets, que rebien les denominacions de «panni catalaneschi», «panni maiolichini», «panni Perpignani» (de Perpinyà), «sargane di Barzalona». També s'exportaven cuirams, productes agrícoles i miners, i esclaus sarraïns.

La política mediterrània i les mesures proteccionistes dels nostres reis obrien amples camins a l'activitat comercial del nostre poble i permetien de superar la rivalitat dels francesos i italians.

A les principals ciutats de la Mediterrània hi havia colònies de catalans. Ports com Sant Feliu de Guíxols, Roses i Salou desenrotllaven un comerç actiu. Però fou Barcelona, amb les seves iniciatives, la seva potència i el seu prestigi a l'estranger, qui va fonamentar la densa vigoria del nostre comerç medieval (vegeu cap. 29).

Comerciants estrangers, sobretot francesos i italians, freqüentaven Catalunya. Les importacions eren principalment d'espècies i drogues d'Orient, de draps flamencs, d'objectes artístics, de teles precioses, però també de cereals, sucre, cotó.

El comerç d'esclaus (moros, turcs, grecs, tàrtars, búlgars, albanesos) va assolir molta importància.

Dins Catalunya se celebraven moltes fires i mercats, i els nostres mercaders acudien a les grans fires de França.

LES MONEDES. — Quasi totes les monedes reials, és a dir, encunyades pels reis a les seques de l'Estat i amb curs forçós per tot el seu territori, tenien una empremta uniforme: a l'anvers el cap o el bust del rei, de perfil; al revers una creu. Fins al regnat de Pere III no hi hagué a Catalunya altra seca que la de Barcelona; però aquest rei va instituir-ne una altra a Perpinyà.

Fins a Jaume I totes les monedes foren de billó, però Pere II va encunyar els croats d'argent, i Pere III els florins d'or. També eren d'or els timbres d'Aragó, encunyats per Joan I, els pacífics, encunyats per Pere IV, i els principats, encunyats per Ferran el Catòlic. Ultra les monedes reials, hi hagué algunes monedes locals amb curs limitat a una comarca determinada i a un cert període de temps. També van córrer per Catalunya algunes monedes estrangeres.

# 29

# L'HEGEMONIA DE BARCELONA

Si Catalunya era el centre dels dominis catalans, Barcelona era el centre de Catalunya. N'era l'ànima i la guiadora, el Cap i Casal. Ella anava al capdavant en el moviment d'expansió, i es va posar sempre al davant dels moviments en defensa de les institucions pròpies, i des del moment que Barcelona queia, la lluita podia donar-se per finida. Els estrangers designaven sovint amb el nom de Barcelona tot el Principat.

EL CONSELL MUNICIPAL. — Jaume I va confirmar i ampliar l'organització del municipi barceloní (1249, 1258, 1265, 1274). En la carta per ell concedida s'estatueix que el veguer i el batlle seran ajudats per un petit consell, i assessorats, quan sigui necessari, per un de gran. El nombre d'individus d'aquests dos consells va oscil·lar. En general, el primer, elegit pel segon, fou format de cinc; i el segon, anomenat Consell de Cent, elegit per sufragi popular, de més d'un centenar. Format, al començament, per ciutadans opulents, es va anar democratitzant, i hi foren representats tots els estaments. El conseller primer s'anomenava Conseller en Cap, i els altres, conseller segon, terç, etc.

Les funcions del petit consell eren administratives i executives. Les del Consell de Cent eren més aviat legislatives i consultives.

Barcelona estenia el seu poder enfora del seu perímetre. Almenys des del 1374, mitjançant el carreratge, diverses poblacions dels seus voltants, i algunes de bastant allunyades —fins i tot de fora de Catalunya—, com Moià, Igualada, Cardedeu, Mollet, Martorell, Santpedor, Mataró, Tona, Granollers, Molins de Rei, Cruïlles, Olesa de Montserrat, Premià i Canyamars, considerades com a carrers de la ciutat, entraven a gaudir de tots els seus privilegis.

Barcelona va arribar a constituir una veritable república municipal.

Les lluites que hem esmentat en els caps. 25 i 26 hi van prendre molta acritud. Són les lluites entre la Busca i la Biga, les classes populars i les classes altes. En temps d'Alfons el Magnànim, la Busca, ajudada pel monarca, aconsegueix de sobreposar-se. En temps de Ferran el Catòlic es clou el període més dramàtic d'aquestes lluites amb el triomf de la monarquia damunt el poder municipal.

La Taula de Canvi. — Al començament del segle xv fou creada pel Consell barceloní una mena de banca municipal que va prendre tot seguit un gran increment i va gaudir d'un gran crèdit. Fou la Taula de Canvi de Barcelona, on, ultra el municipi barceloní, tenien els cabals altres institucions catalanes i molts particulars.

El comerç barceloní. — El comerç era el fonament de la grandesa de Barcelona. Ja des de l'època comtal, especialment des de Ramon Berenguer III, havia pres un notable increment. Els productes manufacturats en constituïen la base. Els monarques el protegien constantment. La cèdula de Jaume I prohibint a les naus estrangeres de prendre càrrega per a Síria, Egipte i Barbaria, al port de Barcelona, mentre hi hagués naus nacionals disposades a emprendre aquelles rutes (1227); la conquesta de Mallorca, amb la concessió als barcelonins de franquesa de comerç per mar i terra per totes les Balears; les conquestes de València i Múrcia, la nova cèdula de Jaume I prohibint als estrangers de carregar en embarcacions estrangeres, si no eren pròpies les mercaderies (1267), i l'ocupació de Sicília, amb les grans victòries damunt les potències rivals, van donar un gran impuls a la puixança comercial i naval barcelonina. Tot Catalunya es beneficià d'aquests fets, però singularment Barcelona. És l'enlairament de la burgesia, la progressió del menestral, l'aparició d'un capitalisme primitiu, amb mètodes en retard respecte a Gènova i Marsella, però tanmateix emprenedor i eficaç. I en el segle XIV, mentre l'expansió mediterrània continua, els mètodes comercials barcelonins arriben a posar-se al nivell, o gairebé, dels d'aquelles dues ciutats mercantils. Assistim als començaments d'un tràfic de banca per part dels «canviadors». En el darrer quart de segle XIV apareix la lletra de canvi. Llavors també es precisa el caràcter de la Llotja com a lloc de reunió dels jutges en matèria comercial i com a seu de l'administració del port, com si diguéssim tribunal i cambra de comerç.

El comerç no es limitava a la Mediterrània: fins a Abissínia per una banda, i fins a Anglaterra i Flandes per l'altra, arribaven els mercaders catalans. El Consell de Cent nomenava cònsols a Barcelona i a tots els països on Catalunya tenia interessos comercials, a fi que vetllessin per ells i jutgessin en les causes mercantils. En el *Llibre del Consolat de Mar* foren compilades les lleis marítimes, i aquesta compilació va servir de base a les relacions comercials de tots els pobles de la Mediterrània. En fi, a les drassanes de Barcelona, que rivalitzaven amb les italianes, es construïen en abundor vaixells de tota mena. Eren importants també les drassanes de les ciutats de València i Mallorca, i hom construïa sovint vaixells a Cotlliure, Roses, Torroella de Montgrí, Palamós, Sant Feliu de Guíxols, Tossa, Sant Pol del Maresme, Tarragona, Tortosa i Peníscola.

Aquesta esplendor comença a declinar ràpidament, des de mitjan segle XV, a causa de l'evolució de l'economia europea, de les guerres excessives d'Alfons el Magnànim, de l'establiment dels turcs als països de la Mediterrània oriental, de la guerra contra Joan II, del monopoli atorgat a Sevilla per al comerç amb Amèrica, de l'establiment de la Inquisició castellana i de l'expulsió dels jueus.

# 30

# MALLORCA, VALÈNCIA I ELS REGNES «DELLÀ MAR»

EL REIALME DE MALLORCA. — La conquesta de les Balears fou principalment catalana, i catalans foren llurs pobladors. Per això les Balears no van tenir Corts particulars, sinó que havien de trametre representants a les Corts catalanes. Això no obstant, gaudien d'un règim autonòmic, iniciat pel rei Jaume I amb la concessió de franqueses i privilegis.

Separat de Catalunya a la mort del Conqueridor, el reialme de Mallorca va constituir un Estat a part, si bé reconeixent l'alta sobirania dels reis catalans. Per això, durant aquest període, els reis de Mallorca tenien l'obligació d'assistir, com a feudataris, a les Corts catalanes. Sols Jaume II de Mallorca pogué eximir-se'n, però tot reconeixent que els seus successors haurien de sotmetre-s'hi.

Les Balears, els comtats de Rosselló i Cerdanya i la senyoria de Montpeller formaven les terres dels reis mallorquins. A vegades els reis catalans, a vegades els francesos, foren llurs aliats o llurs enemics. Com hem vist, França va acabar comprant Montpeller a Jaume III. Els altres països foren reincorporats a Catalunya per Pere el Cerimoniós (1344).

El règim municipal es va desenrotllar potent a la Ciutat de Mallorca i a Ciutadella de Menorca. En aquestes ciutats es concentrava principalment la vida de les Illes. Però cap a la fi del segle XIV els camperols o forans volgueren emancipar-se de la dominació dels ciutadans. La lluita va anar creixent fins a esdevenir una revolta armada (1450), la qual es va enllaçar amb la que Catalunya sostenia contra Joan II. A la fi de la guerra molts forans van emigrar a Còrsega.

**Castell de Bellver, a Mallorca.**

La principal riquesa de les Illes era l'agricultura. En els segles XIII i XIV el comerç va ésser també molt pròsper. En la segona meitat d'aquest segle la burgesia barcelonina va començar a esmerçar els seus capitals en propietats a Mallorca; de manera que va arribar a posseir-hi moltes terres i a cobrar-ne copiosos censos.

VALÈNCIA. — Conquerida València per catalans i aragonesos, va ésser poblada en la seva major part de catalans, però fou considerada com a conquesta d'Aragó. Així va néixer una lluita de les dues influències. Catalunya va triomfar gràcies a la seva major expansibilitat i a l'ajut dels monarques catalans. De tota manera, una part, la limítrof amb les contrades aragoneses, va ésser regida pel Fur d'Aragó, mentre la resta ho era pel Fur de València, atorgat per Jaume I. El nou reialme va tenir les seves Corts pròpies amb els tres estaments, a semblança dels catalans. Com els aragonesos i els catalans, els valencians eren a vegades convocats pel rei per a aplegar llurs Corts, simultàniament amb les d'aquells pobles, en alguna vila de la ratlla catalano-aragonesa, generalment Montsó. S'organitzà a València la Diputació del General o Generalitat, també a semblança de la de Catalunya. El regne tenia moneda pròpia.

La major part de la població era catalana, però n'hi havia també d'aragonesa, i nuclis importants de jueus i moriscos.

La principal riquesa de la regió era l'agricultura, però la ciutat tenia un comerç actiu que va arribar a competir amb el de Barcelona. Pere II el Gran va instituir-hi dos cònsols, a semblança dels de la capital catalana, per a jutjar les causes mercantils.

Els reis de la dinastia antequerana van afavorir-la, especialment Alfons el Magnànim. En el seu regnat València assoleix la seva màxima esplendor material i intel·lectual. Durant la guerra de Catalunya contra Joan II, nombrosos mercaders catalans emigraren a València i contribuïren molt a la seva prosperitat.

ELS REGNES «DELLÀ MAR». — Sardenya, Sicília i Nàpols constituïen els regnes «dellà mar».

Sardenya fou, com les Balears, una conquesta predominantment catalana. Molts catalans s'hi van establir. Encara avui a la ciutat de l'Alguer es parla català. L'ocupació catalana, malgrat les lluites inevitables i els abusos d'alguns funcionaris, fou beneficiosa per a l'illa, perquè va donar-li unitat, fragmentada com era, i va fer minvar, a còpia d'esforços, l'anarquia feudal que hi regnava. Era governada per un virrei i trametia representants a les Corts catalanes; però Alfons el Magnànim li va concedir Corts pròpies.

Sicília, en els períodes en què estigué dins la Corona catalano-aragonesa, fou governada per un virrei. El Parlament, que funcionava ja abans de l'ocupació catalana (1282), era format pels tres Braços. En temps d'Alfons el Magnànim hi va començar a funcionar una Diputació força semblant a la de Catalunya.

Nàpols va conservar el seu règim d'abans de la conquesta (1443). Alfons el Magnànim, que volia fer-ne el centre del seu imperi, va respectar-lo per atraure's els naturals. Solament va crear la Camera della Sommaria per a l'administració financera, i el Consiglio di Santa Chiara per a l'administració de justícia. Molts costums catalans van introduir-se a Nàpols, i la llengua catalana hi fou oficial a la cancelleria.

Els ducats d'Atenes i Neopàtria foren governats per un Vicari general. Hi funcionava una mena de Parlament. Els Usatges hi foren llei, i la llengua catalana hi fou l'oficial i força usual.

## 31

# LA CIVILITZACIÓ CATALANA

A mesura que Catalunya desenrotllava les seves institucions nacionals, anava també desenrotllant la seva cultura. Aquesta cultura abraça totes les branques del saber humà, i per ella la nostra pàtria ocupa un lloc molt enlairat dins la civilització medieval.

LA CIÈNCIA. — Sant Ramon de Penyafort, el beat Ramon Llull i Arnau de Vilanova són les tres figures universals dels segles XIII-XIV. El primer destaca dins la jurisprudència, i és l'autor de les Decretals del papa Gregori IX. La magna figura de Ramon Llull (segles XIII-XIV) destaca dins la filosofia i moltes altres ciències amb la seva obra portentosa, gràcies a la qual el català fou la primera llengua vulgar en què es van tractar les qüestions filosòfiques. Arnau de Vilanova (segles XIII-XIV) resplendeix dins la teologia, la medicina, la química i l'astronomia. Llueixen sota aquestes figures ingents, de fama mundial, altres també de molt altes, com Francesc Eiximenis, escriptor enciclopèdic (segles XIV-XV): Ramon Sabunda, filòsof, rector de la Universitat de Tolosa; sant Vicenç Ferrer, predicador; Felip de Malla, que es distingí molt al Concili de Constança (segle XV). A la fi del segle XV i començament del XVI, València produeix un filòsof de fama europea, Lluís Vives (veg. cap. 34).

La cartografia catalana també té un valor universal. Mallorca fou el nostre primer centre cartogràfic. Són cèlebres els mapamundis dels Cresques, de Gabriel de Vallseca, de Macià de Viladestes.

EL SEMITISME. — Els jueus catalans van produir una cultura molt avançada. Les sinagogues no eren sols llur temple, sinó també llur escola. Les més importants foren les de Barcelona, Tarragona, Lleida, Girona, Tortosa, Perpinyà i Mallorca. Entre els jueus de més anomenada, citem Jonàs-ben-Abraham, Benastruc de Porta, Josep-ben-Caspi, Abraham-ben-Hasdai i Salomó-ben-Adereth.

La influència oriental a Catalunya està representada, principalment, per Ramon Llull i Ramon Martí, que combaten les doctrines del filòsof àrab Averrois, i per Anselm Turmeda (segles XIII-XIV), el frare renegat, gran personatge a la cort del soldà de Tunis i venerat com a sant pels mahometans.

L'ENSENYAMENT. — Fins al regnat de Jaume II, la sola Universitat o Estudi dels Estats catalano-aragonesos fou la de Montpeller, que va assolir molta anomenada, especialment pel que fa a les ciències mèdiques. Però Jaume II va fundar (1300) la Universitat de Lleida en el centre dels seus dominis. Després, successivament, van fundar-se els Estudis de Perpinyà (1350), Barcelona (1450) i València (1499). Aquests Estudis eren sostinguts, principalment, pels municipis, com ho eren també diverses escoles. A Mallorca funcionaven les lul·lianes. Per completar llurs coneixements, escolars catalans anaven sovint a l'estranger, especialment a Tolosa, París i Bolonya.

LA LITERATURA CATALANA. — En els segles XII-XIV va florir a Provença i altres països occitans una civilització basada en la poesia dels trobadors, que va dur a l'Occident d'Europa un to de vida i una sensibilitat nous. Aquesta civilització es va estendre als països veïns, el nord d'Itàlia i Catalunya principalment. Per això i per les similituds del llenguatge, la poesia catalana va començar essent com una branca de la poesia provençal. Catalunya contribueix, amb noms tan prestigiosos com els de Berenguer de Palol, Guillem de Berguedà, Guerau de Cabrera, Guillem de Cabestany, Ramon Vidal de Besalú i Guillem de Cervera, dit Cerverí, a la florida esplèndida de la poesia trobadoresca. Els nostres reis també hi intervenen, no solament protegint els trobadors,

Les obres o trobes dauall ſcrites les quals trac
ten de labors dela ſacratiſſima verge Maria
foren fetes e ordenades ꝑ los trobadors deiꝰ e
en caſcuna deles dites obres ſcrits r̄ſponents a
una ſentēcia o ſcria d̄l mes prop inſertal libel
o cartell ordenat ꝑ lo uenerable moſſ̄ Bernat
fenollar preuere e domer dela Seu d̄la inſigne
Ciutat de Valencia de manament e ordinatio
del Spectable ſenyor frare Luis deſpuig Me
ſtre de Munteſa e Viſrey en tot lo Regne de
Valencia Lo qual ſenyor com adeuot dela uer
ge Maria poſa en la dita Ciutat de Valencia
una Ioya a tots los trobadors a onze dies del
mes de Febr̄ Any d̄la natiuitat d̄ nr̄e ſenyor
Mil . CCCC . Lxxiiii . ço es bun troç d̄ drap
de uellut negre apte o baſtant ꝑ bun gipo qui
mils lobara la uerge Maria en qual ſeuol len
gua la qual Ioya per adir en aquella foncb lo
dit dia poſada en la caſa d̄la cōfraria de ſant
Iordi dela dita Ciutat e Iutgada a . xxv . del
mes de Mars del dit any Lo tenor o ſeria del
dit Cartell es lo mes prop ſeguent .

**«Trobes en llaors de la Verge Maria», primer llibre imprès en català (València, 1474).**

A honor lahor e gloria de nostre senyor deu Jesu christ e dela gloriosa sacratissima verge Maria mare sua senyora nostra. comença la letra del present libre appellat Tirant lo blanch: dirigida per mossen Johanot martorell caualler al serenissimo princep don Ferrando de portogal.

Molt ex cellent virtuos e glori os princep Rey spectant Portugal per vul gada fa ma fos informat de vres virtuts: molt maiorment ans he hagut noticia de aquelles per vostra senyoria voler me comunicar e desuelar vostres virtuosissimo desigs sobre los fets dels antichs virtuosos en fama molt gloriosos caualleres dels quals los poetes e hystorials han en ses obres comendat perpetuant lurs recordations e virtuosos actes. E singularmēt los molt insignes actes de caualleria de aquell tā famos cauallier que com lo sol resplandeix entre los altres planetes: axi resplandeix aquest en singularitat de caualleria entre los altres: cauallers del mon apellat Tirant lo blāch: qui per sa virtut conquista molts regnes e prouincies donāt los a altres cauallers no volēt ne sino la sola honor de caualleria. E mes auēt conquista tot limperi grech cobrant lo dels turchs qui aquell hauiē subiugat a lur domini dels christians grechs. E com la dita hystoria e actes del dit Tirant sien en lengua anglesa: e a vostra illustra senyoria sia stat grat voler me pregar la girās en lēgua portoguesa. opinant per yo esser stat algun temps en la illa de anglaterra degues millor saber aquella lēgua q altri. Les quals pregaries son stades a mi molt acceptables manamēts. Car ja yo sia per mon orde obligat māifestar los actes virtuosos dels cauallers passats maiorment coz en lo dit tractat sia molt stesamēt lo mes de tot lo dret e orde de armes e de caualleria. E iatsia considerada ma insufficiēcia e les curials e familiars occupacions qui obstē e les aduersitats de la noyble fortuna qui no donē re

Edició valenciana de «Tirant lo Blanc» (1490).

sinó conreant ells mateixos la poesia: foren trobadors Alfons I, Pere II, Jaume II, Joan I, Frederic III de Sicília i Constança de Mallorca.

Al costat d'aquesta poesia erudita en llengua provençal o aprovençalada hi degué haver composicions netament catalanes. Ho eren, sens dubte, els poemes populars en què els joglars celebraven gestes guerreres, esdeveniments polítics o socials, com festes, torneigs, assemblees, etc. Restes d'aquests poemes joglarescos en català se'ns han conservat transfoses en la prosa de les cròniques de Jaume I, Desclot i Muntaner.

Entre uns i altres, Ramon Llull escriu els seus versos en una llengua bàsicament catalana, però amb abundor de provençalismes, com s'esdevé amb molts poetes catalans de la fi del segle XIII, de tot el segle XIV i del començament del XV, entre els quals cal destacar Jaume i Pere March, Lluís d'Averçó, Andreu Febrer i Guillem de Masdovelles.

Però en el segle XV fins la poesia erudita esdevé completament catalana, i produeix, sota la influència del Renaixement italià, els tres grans poetes Jordi de Sant Jordi, Ausiàs March i Roís de Corella, tots tres de València.

La prosa catalana es fa vigorosa en el regnat de Jaume I. En prosa catalana escriuen Ramon Llull i Francesc Eiximenis llur obra enciclopèdica; Jaume I (amb algun col·laborador), Bernat Desclot, Ramon Muntaner i Pere el Cerimoniós (amb els seus secretaris o col·laboradors, entre els quals destaca Bernat Descoll) hi escriuen les quatre grans cròniques catalanes; Bernat Metge hi redacta el seu *Somni* i li dóna una viva elegància fins aleshores no assolida; fra Antoni Canals hi compon les seves paràfrasis i traduccions; Joan Martorell i Martí Joan de Galba, el *Tirant lo Blanc,* una de les més belles novel·les cavalleresques que mai s'hagin escrit; en la ploma de l'anònim autor de *La fi del comte d'Urgell* pren, a voltes, una admirable vibració patètica.

La dramàtica comença amb representacions de caràcter religiós o misteris. El més conegut és el de l'Assumpta d'Elx. En els segles XV i XVI la producció dramàtica de caràcter religiós, en català, fou molt abundosa.

L'oratòria assoleix aviat una gran volada. Jaume II, Pere el Cerimoniós, Martí l'Humà, el cardenal Margarit, en són els més alts representants en l'aspecte polític; sant Vicenç Ferrer en el religiós; Felip de Malla en el literari.

La literatura catalana és molt rica en traduccions, i moltes obres catalanes són traduïdes a altres llengües.

Els prínceps protegeixen i impulsen el moviment literari, especialment Pere III, Joan I —instaurador dels Jocs Florals—, Alfons el Magnànim i el príncep de Viana. Tots els estaments socials i totes les terres de parla catalana hi prenen part.

EL MOVIMENT JURÍDIC. — En el segle XII es va produir dins els estudis jurídics un gran moviment de renaixença i de difusió del Dret romà. A Catalunya va assolir molta importància, i va influir en diverses compilacions, com les dels Costums de Perpinyà (segle XII), Tortosa i Lleida (segle XIII). També va assolir molta importància dins la nostra jurisprudència el Dret canònic. Tant aquest com el romà són supletoris en la legislació catalana.

Ja hem parlat (cap. 29) del *Llibre del Consolat de Mar,* compilació de costums marítims, que va servir de base per a la contractació entre tots els pobles de la Mediterrània i que va estendre encara la seva influència a l'Atlàntic.

El geni jurídic de Catalunya va produir jurisconsults famosos, com Pere Albert, autor de les *Costumes de Catalunya,* tractat de dret feudal; com l'esmentat sant Ramon de Penyafort; com Guillem Botet, compilador dels Costums de Lleida; com Vidal de Canyelles, principal redactor dels *Furs de València* (segle XIII); com Jaume Calbet, estudiós dels *Usatges* i de les *Constitucions de Catalunya* (segle XIV); com Jaume de Montjuïc, professor a la Universitat de Bolonya (segle XV); com Jaume Marquilles, aciençat comentador dels *Usatges;* com Narcís de Sant Dionís, Bonanat de Pere, Jaume Callís i Francesc Basset, els quals treballaren en la versió

---

**Edició barcelonina del «Llibre del Consolat de Mar» de 1502.**

# Libre de cõsolat tractãt dels fets maritims ꝛc.

d'aquell codi del llatí al català; com Tomàs Mieres, gran advocat gironí, defensor dels remences (segle XV).

LES BIBLIOTEQUES. — Sota la influència del desvetllament intel·lectual produït pel Renaixement classicista italià, es formen importants biblioteques. Les més riques foren les dels nostres prínceps. Els inventaris d'algunes han arribat fins a nosaltres; així els de les biblioteques del rei Martí, d'Alfons IV el Magnànim, de la seva muller la reina Maria, del príncep de Viana i de Pere IV, el conestable de Portugal elevat al soli reial per la revolució catalana.

LA IMPREMTA. — Cap a la meitat del segle XV va esdevenir-se un fet d'incalculable transcendència per a la cultura: la invenció de la impremta. Aquesta invenció fou deguda a l'alemany Joan Gutenberg.

Fins aleshores els llibres havien estat manuscrits o còdexs, escrits per amanuenses i ornats sovint amb miniatures i històries; però aviat, sota la difusió del nou invent, els llibres manuscrits van anar desapareixent per a deixar pas als llibres impresos.

El primer llibre imprès en terres catalanes que se'ns ha conservat és escrit quasi totalment en la nostra llengua i és conegut amb el nom de *Trobes en llaor de nostra dona santa Maria.* Conté quaranta-cinc composicions (de les quals quaranta en català) que van concórrer a unes justes poètiques convocades a València el febrer de 1474. Va ésser estampat dins aquest mateix any. Dins la Península només el precedeix un *Sinodal* de Segòvia en castellà del 1472 o començament del 1473. Les *Trobes* són, doncs, no solament el primer llibre imprès en català que conservem, sinó també el primer text literari estampat a la Península. Les composicions que hi figuren són, naturalment, d'autors diversos, entre ells alguns de tan famosos com Jaume Roig i Roís de Corella. L'activitat de la impremta a casa nostra esdevé aviat molt

---

**Pàgina de l'edició de «Blanquerna» de Ramon Llull (1521).**

¶ Figura ymaginaria d la eleuacio: que tenen les tres potencies racionals dela anima ales altres corporals: y la ymaginatiua ales potencies sensitiues/dins lhome/contemplant aquell en deu. y com entre si se distinguexen per propijs actes: orguens: y objectes: segōs q̄ desi representa esta ymage: o figura del Illūinat doctor: y martyr mestre Ramon Lull/auctor dela present obra.

Sant Jordi, per Jaume Huguet (segle XV).

important, amb dos centres principals a València i a Barcelona.

L'ART. — Les formes de l'arquitectura romànica es prolonguen fins al segle XIII, quan ja comencen d'aparèixer en la nostra arquitectura elements de l'art gòtic o ogival. És un període de transició, durant el qual es construeixen les grans catedrals de Tarragona, Lleida, Girona, Manresa, Tortosa i València, i és reconstruïda la de Barcelona.

L'art ogival, que acaba triomfant, va néixer a l'Illa de França, i es caracteritza per l'ús de la volta d'arestes amb els arcs diagonals concentrant llur impuls en alguns punts on es recolzen els contraforts. Aquests contraforts (mena d'esperons que serveixen per a contrarestar aquell impuls), en l'escola gòtica que es forma a Catalunya són sovint interiors, contra allò que és habitual en altres escoles.

Entre els edificis més notables, pertanyents a l'estil gòtic, cal citar la catedral de Barcelona (tercera construcció), la de Girona, la de Tortosa (segona construcció), la de Mallorca, i una gran part de la de València. Entre els edificis civils i militars d'aquest estil podem esmentar el palau del Consell Municipal de Barcelona, el de la Generalitat de Barcelona i de València, les Llotges de Barcelona, València, Mallorca i Perpinyà, la Porta Reial i el Palau del rei Martí de Poblet, els portals dels Serrans i de Quart, de València, el castell de Bellver, de Mallorca, el Castellet i el palau dels reis de Mallorca de Perpinyà, etc., etc. Molts d'aquests edificis han sofert grans transformacions i afegidures. Dins l'arquitectura funerària són notables els sepulcres de Pere el Gran i Jaume II a Santes Creus. Els sepulcres reials de Poblet, bàrbarament mutilats el segle passat, han estat restaurats recentment.

També sota la influència francesa, combinada amb la influència italiana, es forma una gran escola d'escultura gòtica catalana, però amb un caràcter més realista i més humà. Esmentem, entre les obres més importants, el retaule d'alabastre de la catedral de Tarragona, producció meravellosa de Pere Joan; l'estàtua jacent de l'infant Joan, fill de Jaume II, obra anònima, també a la seu tarragonina; l'Àngel de la façana gòtica de la Casa de la Ciutat, a Barcelona; la figura de la reina Blanca d'Anjou, al monestir de Santes Creus, obra de Francesc de Montflorit; les escultures dels sepulcres reials de Poblet, obra dels escultors Jaume Cascalls, mestre Eloi i el grec Jordi de Déu; l'estàtua policromada d'un sobirà de Catalunya, probablement Pere el Cerimoniós, conservada a la catedral de Girona, coneguda amb la denominació d'«el Carlemany», obra possiblement també de Cascalls.

Sota la influència italiana, principalment de l'escola de Siena, es forma una escola de pintura catalana en el segle XIV. Aquesta escola desenrotlla i aferma els seus caràcters propis en aquest segle i en el següent i arriba a exercir influència a la mateixa Itàlia. Els noms dels seus principals representants són els de Ferrer Bassa, Jaume Serra, Lluís Borrassà, els Vergós, Bernat Martorell i Jaume Huguet. La pintura catalana es renova amb Lluís Dalmau, autor de la cèlebre Verge dels Consellers, el qual porta de Flandes la influència de Van Eyck.

La fusteria, l'argenteria i els treballs en ferros i en voris assoleixen un grau admirable de perfecció. També foren famosos els vidres catalans, que arribaren a competir amb els de Venècia.

L'art musical es manifesta en tropus, en seqüències i en l'acompanyament de drames litúrgics i de misteris, que floreixen fins que al segle XVI són prohibits pel Concili de Trento.

No se'ns ha conservat la música amb què els joglars acompanyaven llurs poemes narratius. Tenim, en canvi, mostres de la lírica musical trobadoresca. I el *Llibre Vermell* de Montserrat ens ha conservat la música de les danses religioses. Quant a la polifonia, els principals centres foren el monestir de Ripoll i les catedrals de Tarragona i Tortosa. La cort dels comtes-reis, especialment la de Pere el Cerimoniós, Joan I i Alfons el Magnànim, aplegava una selecció de músics instrumentistes nacionals i estrangers. Fou cèlebre Jacomí de Bar, mestre de «xalamia gran», mena d'oboè suavíssim. Joan I, «l'Amador de la gentilesa», fou ell mateix compositor.

# 32

# ELS COSTUMS. CATALUNYA A L'ESTRANGER

ELS COSTUMS. — Cap altra època no presenta, com l'Edat Mitjana, un contrast tan viu entre els seus ideals i la seva realitat. D'una banda, l'ideal cavalleresc i religiós, de defensa de l'oprimit, d'amor espiritual, de fe infrangible; d'altra banda, el triomf de la força, la immoralitat més pregona, la incredulitat i la superstició. De la mateixa manera, al costat de costums refinadíssims i luxosos que la civilització provençal i, més tard, el Renaixement van dur, costums abjectes, brutícia i epidèmies.

Els reis i els nobles anaven al davant d'aquell moviment en pro del luxe i del refinament. La cort de Joan I fou la més fastuosa de tot Europa. S'hi celebraven constantment festes cortesanes, Jocs Florals, concerts, torneigs, caceres, fins al punt de donar lloc a greus dificultats econòmiques.

Els eclesiàstics i els burgesos opulents seguien també aquestes tendències. Els vestits i abillaments d'homes i dones esdevenien sumptuosos i a vegades extravagants. De folgats que eren en el segle XIII els vestits masculins, passen a ésser molt cenyits en el segle XIV. Aquesta moda, que provenia de França, rebuda a la primeria amb recel, com a poc decent, va acabar triomfant en el segle XV. I de Catalunya va passar a Itàlia. Per això, al començament, en deien «vestir a la catalana».

Es despenia molt en joiells, ventalls, pells, perfums, colors i ungüents. Es curava molt de la conservació i finor del cutis, especialment de les mans. La lectura d'obres profanes s'estenia. Els jocs (escacs, naips), els balls, les pantomimes, les narracions i els cants dels joglars i les músiques dels ministrers tenien una gran acceptació.

**El papa Alexandre VI.**

Catalunya a l'estranger. — Alguna cosa hem anat dient sobre la irradiació de la civilització catalana en terres estrangeres. Hem vist com la nostra llengua fou oficial en els nostres dominis «dellà mar» i com els nostres homes de ciència (Ramon Llull, Arnau de Vilanova, Ramon Sabunda i molts altres) havien professat en universitats d'altres països. Hem dit que obres de la nostra literatura i de la nostra ciència havien estat traduïdes a altres llengues, i que les nostres arts havien influït en les d'altres pobles. Aquesta influència va manifestar-se, principalment, als països que van formar part dels nostres dominis. El nostre art gòtic s'estén per Sardenya i Sicília, en edificis com la catedral de l'Alguer i els palaus Abbatelli i Aiutami-Cristo, de Palerm. Això mateix podem dir de la pintura i l'escultura.

Amb la conquesta de Nàpols, Catalunya té un nou camp d'expansió. L'arquitecte mallorquí Guillem Sagrera duu l'art que l'ha fet famós amb la Llotja de la ciutat de Mallorca a la restauració del Castellnou napolità, a l'embelliment del qual contribueix el nostre famós escultor Pere Joan; i després, per tota la Campània, es construeixen palaus dins el seu estil. Un altre motiu d'expandiment fou l'elevació de la família dels Borja al soli pontifical. Calixt III regnà els anys 1456 a 1458, i Alexandre VI els anys 1492 a 1503. Aquests pontífexs valencians parlaven i escrivien el català, i atreien a la Cort de Roma molts catalans i valencians. El mateix feien els altres membres de llur família, entre ells els cèlebres Cèsar i Lucrècia. D'aquesta manera, molts costums, modes, expressions i àdhuc flors i fruites catalans van estendre's per terres italianes.

És a través de traduccions catalanes que passen a la literatura castellana diversos textos clàssics.

# 33

# CATALUNYA SOTA ELS REIS DE LA CASA D'ÀUSTRIA

Com hem dit (cap. 23), l'herència dels Reis Catòlics va passar al seu nét Carles, que entronitza a Espanya la casa d'Àustria o d'Habsburg, perquè Carles era també nét de l'emperador Maximilià. Aquesta dinastia regeix els destins de Catalunya i d'Espanya tota durant els segles XVI i XVII. Al llarg d'aquest període, la decadència de Catalunya s'enfondeix fins a convertir-se en una veritable prostració. Tanmateix, continua defensant les seves institucions i resta encara prou desvetllada per a redreçar-se i prendre part en les dues lluites més grans que commouen l'Edat moderna: la Guerra de Trenta Anys i la de Successió a la Corona d'Espanya.

CATALUNYA I LA CASA D'ÀUSTRIA. CARLES I, FELIP II, FELIP III. — La Casa d'Àustria és representada a Espanya per Carles I (1516-1556), Felip II (-1598), Felip III (-1621), Felip IV (-1665) (Felip I, II, III a la Confederació catalanoaragonesa) i Carles II (-1700). Durant el regnat de Carles I, que fou també emperador d'Alemanya amb el nom de Carles V, Catalunya, en certs aspectes, assoleix una relativa prosperitat. L'emperador hi fa diverses estades, continua la lluita pels dominis italians i africans, i conquereix Tunis i la Goleta (1535). Catalunya intervé encara en les empreses hispàniques; i més hi hauria intervingut si Barcelona hagués obtingut, com pretenia, l'autorització per a comerciar directament amb Amèrica (1522).

La ciutat de Barcelona, el 1522, va demanar a l'emperador autorització per a aquest comerç directe, i li fou denegada. Els catalans van haver d'enginyar-se llavors a comer-

**L'Emperador Carles V embarca a Barcelona cap a la conquesta de Tunis.**

ciar amb Amèrica indirectament o per agents interposats, però mai no es van desinteressar d'aquesta qüestió, i sovint van insistir perquè fos resolta en sentit favorable.

Al començament del regnat de Carles I, una revolta social de caràcter menestral i, per tant, urbà, va commoure el País Valencià, Mallorca i alguns llocs del Principat. Ens referim a la Germania, creada a València pel paraire català Joan Llorenç, que, després de molts mesos de domini i d'excessos (1519-1523), va sofrir una definitiva desfeta i una duríssima repressió.

En el regnat de Felip II, la intervenció de Catalunya en

les empreses hispàniques no fa sinó minvar. Els catalans, desinteressats de la major part, s'esforcen per viure'n al marge, ben arrecerats en les seves llibertats i privilegis. Tenen, però, encara una forta intervenció a la batalla de Lepant, gran victòria cristiana damunt els turcs (1571). Hi destaca la figura de Lluís de Requesens, les indicacions del qual havia de seguir don Joan d'Àustria, cap de les flotes combinades, que era menor d'edat. Totes les disposicions i tota la correspondència havien de passar per les mans de Requesens abans que don Joan d'Àustria les signés. En canvi, la participació catalana a l'Armada Invencible, esforç d'Espanya per a abatre la puixança anglesa, fou molt secundària, representada només per unes quantes galeres i per la intervenció de Joan de Cardona, nomenat per Felip II generalíssim del malaurat estol —en substitució del duc de Medinasidonia— per tal de procurar la reparació del desastre.

A l'interior es desenrotlla la plaga del bandolerisme, que es relaciona amb els hugonots del Migdia de França (vegeu capítol 34) i que s'accentua en temps de Felip III. En aquest regnat, si d'una banda s'accentua també l'isolament de Catalunya, d'altra banda es manifesten, per part del Govern central, tendències a limitar les llibertat catalanes i, sobretot, a obtenir una més gran contribució de Catalunya a les càrregues de l'Estat. Això provoca pugnes i recels. N'és la culminació la guerra del temps de Felip IV. Felip III va ordenar l'expulsió dels moriscos (1609).

El regnat de Felip IV. Olivares. — En començar a regnar, Felip IV, fill de Felip III, no tenia sinó setze anys i es trobava sota la fèrula del seu ministre el comte d'Olivares i duc de Sanlúcar. El comte-duc, com se l'anomenava, creia (i així va exposar-ho en una memòria elevada al rei al començament del regnat) que el principal problema que tenia plantejat la monarquia espanyola era de reduir tots els regnes de què Espanya es componia «a l'estil i les lleis de Castella sense cap diferència». Com a millor procediment per a obtenir-ho, Olivares recomanava al rei d'anar a visitar el país que es pretengués sotmetre i provocar-hi «un tumulto popular grande», i aleshores introduir-hi un exèrcit que ja tindria preparat, «y con ocasión de sosiego general y previsión de adelante, como por nueva conquista, asentar y disponer las leyes en conformidad con las de Castilla, y de esta manera irlo ejecutando en los otros reinos».

La guerra amb França. — Una gran guerra commovia Europa: la guerra anomenada de Trenta Anys. Les cases d'Àustria i de França eren, en la lluita, els capdavanters rivals. Espanya lluitava al costat de l'Imperi. A causa d'aquesta guerra hi hagué, durant catorze anys, un exèrcit reial a Catalunya, amb els corresponents allotjaments i amb els corresponents abusos dels soldats (espanyols, napolitans, irlandesos i valons). Havent caigut la plaça fronterera de Salses en poder dels francesos, per traïció de l'alcaid, que, contra les Constitucions, no era català, els catalans van dreçar en armes un exèrcit de vint-i-cinc mil a trenta mil homes, el més gran exèrcit que s'hagués mai format dins Espanya, i Salses fou reconquerida (1640).

L'alçament. — La victòria de Salses i la retirada de l'exèrcit francès permetia la retirada de l'exèrcit espanyol, i els poders catalans van demanar que Catalunya fos alliberada d'aquesta càrrega que suportava feia tants anys. També a Madrid van sonar veus assenyades aconsellant el trasllat de l'exèrcit. Però Olivares, lluny de seguir aquests consells, va deixar l'exèrcit a Catalunya, amb els conseqüents abusos de la soldadesca, que, sense correctiu de cap mena, s'hi lliurà desenfrenadament. Robatoris, homicidis, violacions, malmetement dels productes de la terra, talles exorbitants, marcaven el pas de les tropes reials per les viles i els camps de Catalunya. La resposta hi fou l'alçament, que, havent començat a la Selva i l'Empordà, es va anar estenent per tot el país. Més de tres mil camperols van entrar a Barcelona, forçaren la presó i donaren llibertat a Francesc de Tamarit i altres autoritats catalanes empresonades pel virrei. Les tropes de

Felip IV prenien terribles venjances a Calonge, Palafrugell, Roses, Perpinyà, Palautordera i Santa Coloma de Farners. A Barcelona, el dia de Corpus (7 juny 1640), els segadors en-

Pau Claris, president de la Generalitat de Catalunya (1640).

trats a la ciutat van promoure una revolta, en el curs de la qual foren assaltades les Drassanes i va morir el comte de Santa Coloma, virrei de Catalunya. Aquesta jornada és coneguda amb el nom de Corpus de Sang.

LA «GUERRA DELS SEGADORS». — Sabent que al Baix Aragó es preparava un gran exèrcit contra Catalunya, Pau Claris, president de la Generalitat, va entrar en relacions amb França. L'exèrcit va penetrar pel sud de Catalunya, i, vencent la resistència que els catalans li oposaven, va arribar davant Barcelona. La ciutat va salvar llavors Catalunya, vencent l'exèrcit a la batalla de Montjuïc (26 gener 1641).

L'ideal de Pau Claris era de crear una república catalana, i de fet fou instaurada. Però, per tal d'aconseguir un ajut veritable dels francesos, fou proclamat comte de Barcelona el rei de França Lluís XIII, i mort ell, el seu fill Lluís XIV. La guerra va tenir moltes vicissituds. Grans generals francesos, dels més cèlebres d'aquell temps, vénen a dirigir la campanya, entre ells Condé i Schomberg. La gran lluita continua durant dotze anys. Havent estat allunyat del poder el comte d'Olivares (1643), i mostrant-se Felip IV decidit a respectar des d'aleshores les llibertats de Catalunya, la resistència va minvar. Assetjada Barcelona per Joan d'Àustria, es va pactar una capitulació on s'estatuïa que res no fóra canviat en els privilegis i constitucions de Catalunya (1652).

RESULTATS DE LA GUERRA. — La guerra va assegurar a Catalunya les seves institucions durant més de mig segle. En canvi, li dugué una fonda pertorbació, i va veure's coronada amb la separació d'un tros del seu territori (el Rosselló i part de la Cerdanya), que, en virtut del tractat dels Pirineus (1659), va restar unit a França.

Quant a Espanya, la guerra no va fer sinó enfondir la seva ruïna. En el regnat de Carles II, fill de Felip IV i últim rei de la casa d'Àustria, les potències europees arriben a tractar del repartiment del seu Imperi. Les guerres desastroses continuen: guerres amb França que prenen sovint Catalunya per camp de batalla. Bona part del nostre país, amb la capital, cauen en poder de França (1697). Lluís XIV torna a ésser sobirà de Catalunya; torna a haver-hi virrei francès. La pau de Ryswick restitueix els territoris al rei d'Espanya (1697). Enmig de tantes adversitats, podem observar a Catalunya el començament d'un esforç per a la reconstitució econòmica i ànsies d'intervenció en la política general espanyola, que es manifestaran plenament en la guerra de Successió a la Corona d'Espanya (1700).

Incorporats el Rosselló i part de la Cerdanya a França, Lluís XIV, faltant a les garanties que donava el mateix tractat dels Pirineus, es donà pressa a abolir les institucions pròpies d'aquells territoris (1660) i a iniciar una dura política d'assimilació. La resistència dels rossellonesos va donar lloc a persecucions i revoltes (1661, 1666, 1674) i a una ocupació militar de mig segle.

# 34

# INSTITUCIONS I CIVILITZACIÓ: SEGLES XVI I XVII

LES INSTITUCIONS. — La vida de les institucions catalanes sota el govern de la casa d'Àustria reflecteix la decadència de Catalunya. Amb tot, la Generalitat i el Consell barceloní encara tenen un gran prestigi. Les Corts són aplegades rara vegada. Per a assessorar i ajudar el rei en el despatx de les qüestions relatives als Estats de la Corona catalano-aragonesa i amb caràcter i funcions també d'alt tribunal de justícia, existeix el Consell d'Aragó, fundat per Ferran el Catòlic (1493).

LA SOCIETAT CATALANA. — L'alta noblesa es va desnaturalitzant. S'enllaça amb cases nobiliàries castellanes, abdica el seu idioma, segueix la Cort. Les classes populars són les que resten més fidels a llur catalanitat.

Als camps es desenrotlla el bandolerisme, fenomen general dels països mediterranis, que arriba a prendre un gran increment. En són causa la penúria econòmica, el caràcter bel·licós dels catalans, mancat d'un endegament normal i d'un fort ideal nacional, el caràcter muntanyós del país, la disseminació de la població en masies, i el veïnatge de França amb les freqüents entrades d'hugonots. Són famosos els noms de Perot Rocaguinarda i Joan de Serrallonga.

La terra passa per crisis serioses. Hi contribueix, en certes contrades (riberes de l'Ebre i el Segre, tot el regne de València), l'expulsió dels moriscos. Al Principat es calcula en 5.000 el nombre dels expulsats; a València, en cent setanta mil, és a dir, la tercera part de la població total d'aquell regne, que s'estableix aproximadament en 500.000 habitants. La població de Catalunya el 1515 era de 314.000; el 1553, de

388.000; el 1717, de 550.000. La de Barcelona ultrapassava de poc els 30.000. Entre els immigrats, la major part provenien de les Balears i de València; els de la resta de la Península eren escassíssims. Quant als estrangers, la més gran proporció corresponia als francesos, més concretament als de terres occitanes. Molts es dedicaven a l'agricultura com a mossos o jornalers; d'altres eren pastors; a les ciutats eren venedors ambulants, criats, peons o artesans. Les colònies d'artesans francesos van contribuir al desvetllament econòmic de Catalunya.

L'ESGLÉSIA. — L'Església rep la influència benefactora de les reformes del concili de Trento. En canvi, sofreix la intromissió pertorbadora d'alguns prelats poc afectes al país.

El papa Climent VI funda el bisbat de Solsona (1593); la nova diòcesi és formada amb territoris dels bisbats d'Urgell i Vic.

S'instauren nous ordes religiosos: jesuïtes, caputxins, carmelites, etc. Sant Ignasi de Loyola, fundador de la Companyia de Jesús, resideix temporades a Catalunya i, proper o llunyà, és sostingut sempre per la caritat catalana. Sant Josep de Calassanç, nat a Peralta de la Sal, en el mateix límit entre els dominis lingüístics català i aragonès, després de residir a la Seu d'Urgell (1587-1591), funda (1597) l'orde dels Escolapis i les Escoles Pies, destinades a l'ensenyament dels pobres.

En l'evangelització d'Amèrica es distingeixen, per l'heroisme i l'eficàcia de llur apostolat, sant Pere Claver, català, apòstol dels negres, i sant Lluís Bertran, valencià, apòstol dels indis.

LA VIDA INTEL.LECTUAL. — Es funden nous Estudis, com els de Tarragona, Vic, Tortosa i Solsona. Els de Barcelona i València aconsegueixen en el segle XVI un notable nivell. A Barcelona funcionen escoles militars que encara formen homes de guerra catalans.

La literatura decau en tots els gèneres. A la primera mei-

FRA
ESCH. VIA
SOLDAT. DE
LA. BANDERA. DE. SA
RIA. IHA. SERVIT

tat del segle XVI, el barceloní Joan Boscà, que ha viscut molt a la Cort, escriu en castellà i introdueix en la literatura castellana, a través, sobretot, del seu amic Garcilaso, la influència italiana (1533). En el llenguatge apareixen castellanismes, i la influència castellana es fa preponderant. Pere Serafí (segona meitat del segle XVI), poeta ple de delicadeses, encara conserva una lloable catalanitat. En el segle XVII triomfen el Rector de Vallfogona Vicenç Garcia i Francesc Fontanella: ambdós, especialment el primer, amb notables qualitats poètiques; però aquell a vegades barroer, aquest més polit; i tots dos molt influïts pels models castellans.

El conreu de la història manifesta des de mitjan segle XVI una creixent influència castellana. El valencià Pere Anton Beuter escriu la *Primera part de la Història de València* (1538) en un català quasi normal amb poquíssims castellanismes i dialectalismes, però després l'amplia, tradueix i publica en castellà (1546) i la continua en la mateixa llengua (1551). El també valencià Rafael Martí de Viciana, que va compondre les diverses parts de la seva *Crònica* entre 1533 i 1566, l'havia redactada en català, però la va traduir al castellà per a la publicació. El mallorquí Joan Baptista Binimelis va escriure en bon català vers 1595 la seva *Història i siti de Mallorca*, i ell mateix la va traduir al castellà sense que arribés a publicar-la.

En canvi, els catalans del Principat Francesc Tarafa, Cristòfor Despuig, Pere Joan Comes, Pere Antoni Viladamor, Francesc Comte, Jaume Ramon Vila i Onofre Manescal continuen escrivint quasi sempre en català, però deixen inèdites moltes de llurs obres. Lluís Pons d'Icart havia escrit en català la seva obra sobre història de Tarragona i la va traduir al castellà per a la publicació (1572). Dionís Jeroni de Jorba havia fet també en català la seva obra sobre Barcelona i ell mateix la va traduir al llatí; Joan Miquel Rosers la va traduir al castellà per a la publicació, potser el 1581, i va ésser novament editada amb algunes ampliacions el

**La batalla de Montjuïc (1641), dibuixada per un dels combatents.**

1589. El barceloní Francesc Calça, potser per no escriure en castellà, publica en llatí la seva *De Catalonia* (1588). El també barceloní Jeroni Pujades escriu en català el seu *Dietari* i publica en català el primer volum de la seva *Crònica universal* (1609), però després la continua en castellà i deixa inèdita aquesta continuació. Esteve Gilabert Bruniquer, que comença a escriure el 1608 i mor el 1641, encara escriu tota la seva obra, en la qual destaquen les *Rúbriques,* en català. També el rossellonès Andreu Bosch escriu en català els seus *Títols d'honor de Catalunya, Rosselló i Cerdanya* (1628). En canvi, els valencians Diago, Escolano i Bleda escriuen només en castellà.

Pot ésser simptomàtic que, havent estat impreses a mitjan segle XVI les cròniques de Jaume I i de Ramon Muntaner a València i a Barcelona en llur llengua original, la de Bernat Desclot ho fos a Barcelona el 1616 en traducció castellana.

Molts d'aquests historiadors perden o tenen molt atenuat el sentit de la unitat catalana, i apareixen les històries regionals. D'altres, en canvi, el conserven ben conscient.

La guerra dels Segadors produeix una revifalla de la història en català; la manifestació més important n'és la Crònica de Miquel de Parets, menestral barceloní.

Dins la ciència destaca el primer per la cronologia i pel mèrit, molt per damunt dels altres, el valencià Lluís Vives (1492-1540), esperit universal, que va viure des dels disset anys lluny de la seva pàtria, a Bruges i a Anglaterra, principalment, i que, per les seves obres filosòfiques, ascètiques, pedagògiques i jurídiques, ocupa un dels llocs més elevats del pensament humà, i amb Erasme i Guillaume Budé forma «el triumvirat del Renaixement europeu en la primera meitat del segle XVI». Després d'ell destaquen Pere Galès (1537-1595), nat a Ulldecona, filòsof, filòleg, hel·lenista i jurisconsult, professor a la Universitat de Ginebra; Cosme Damià Hortolà, teòleg i humanista, rector de la Universitat de Barcelona; Lluís Joan Vileta, filòsof; els grans jurisconsults Càncer, Xammar, Fontanella, que mantenen a un nivell sense decadència els estudis jurídics; metges com Bernardí Muntanya

Plafó policromat del segle XVIII, amb una sardana.

de Montserrat, autor d'una Anatomia (1551), que va servir molts anys de text als metges espanyols, i el mallorquí Damià Carbó, un dels primers metges que van tractar d'obstetrícia.

La vida artística. — L'art gòtic es prolonga resistint la influència de l'estil Renaixement, que no penetra gaire. L'estil plateresc castellà, que adopta per a l'arquitectura les formes de l'argenteria, té una certa acceptació. Però és l'estil barroc, amb el seu trencament de línies i el seu excés d'ornamentació, el que més endins penetra en l'art català. L'església de Betlem a Barcelona, la Pietat de Vic, la façana de Santa Maria de Montblanc, la de la catedral de Tortosa, diverses cases senyorials de Catalunya i Mallorca amb els seus patis, són belles mostres de gust barroc. En el regnat de Carles II comencen a desplegar a Castella la seva obra de revolució barroca els germans Xuriguera (Josep, Joaquim i Albert), que, si bé nascuts a Castella, eren originaris de Catalunya. El nom de Churriguera, que ha donat nom a l'estil, és una adaptació del nom català.

En la pintura i l'escultura, durant els segles XVI i XVII, no floreixen grans artistes al Principat. Així i tot, hi ha dos grans pintors catalans l'obra dels quals transcendeix a la pintura universal: Ribalta i Rigau. El rossellonès Jacint Rigau (el Hyacinte Rigaud dels francesos) és el pintor de Lluís XIV i de la seva cort, el pintor del gran segle francès. Francesc Ribalta, nat a Solsona, desenrotllant bona part de la seva obra a València (per això hom l'havia cregut valencià), és l'iniciador de la gran escola realista espanyola. A València floreixen també altres grans pintors com els Massip (Vicent, pare i fill, més conegut el segon amb el nom de Juan de Juanes) i Josep Ribera, la figura culminant de l'escola valenciana.

En l'escultura hi ha tallers familiars dignes d'anomenada; així en el segle XVI el dels Forment; així, en el segle XVII, a Catalunya, el dels Agustí Pujol. En l'escultura funerària, el panteó dels Rebolledo, a la Seu de Tarragona, ha pogut ésser qualificat del «més bell sepulcre barroc a Espanya».

El conreu de les arts menors (orfebreria, teixits, puntes, ceràmica, vidres) es conserva puixant a Catalunya. Però, en la ceràmica, és encara València la capdavantera.

L'art musical, al redós principalment de les capelles de música de les catedrals i dels grans monestirs, té un notable conreu entre nosaltres. Cal destacar-hi el vigatà Pere Albert Vila, canonge i organista de la catedral de Barcelona, els rossellonesos Joan i Mateu Fletxa, l'occità format i resident a la Seu d'Urgell Joan Brudieu, Joan Pau Pujol, que va actuar a Tarragona, Saragossa i Barcelona, els valencians Joan Baptista Comes i Joan Baptista Cabanilles i els montserratins Joan March, Joan Cererols i Miquel López.

CONSTITVTIONS
Y
ALTRES DRETS
DE
CATHALVNYA,
COMPILATS EN VIRTVT
DEL CAPITOL DE CORT LXXXII.
DE LAS CORTS PER LA S.C. Y R. MAJESTAT
DEL REY DON PHILIP IV. NOSTRE SENYOR
CELEBRADAS EN LA CIVTAT DE BARCELONA
ANY M.DCCII.

BARCELONA: En Casa Joan Pau Marti, y Joseph Llopis Estampers, Any M.DCC.IV.

**«Constitucions i altres Drets de Catalunya» (Barcelona, 1704).**

# 35

# CATALUNYA I LA GUERRA DE SUCCESSIÓ A LA CORONA D'ESPANYA

Durant el govern dels reis de la casa d'Àustria, Catalunya conserva, si bé en decadència, les seves institucions. En entrar a regnar la casa de Borbó, Catalunya, que es dreça en armes contra el seu primer representant a Espanya, fou vençuda, i el seu règim peculiar suplantat. També València perdé llavors les seves llibertats.

LA SUCCESSIÓ DE CARLES II. — Carles II fou l'últim representant de la casa d'Àustria a Espanya. No tenint successor, va designar com a tal Felip, duc d'Anjou, nét del rei de França Lluís XIV; entra així a regnar a Espanya la casa de Borbó. Però l'arxiduc Carles d'Àustria va acudir a les armes per rescatar la corona. Anglaterra i Holanda es van posar al seu costat i van formar la Gran Aliança contra França i Espanya. Al cap d'un cert temps, Savoia i Portugal van posar-se al costat dels aliats. Els espanyols es dividiren. Catalunya es va dreçar també contra els Borbons. Les Balears, Aragó i València van seguir-la, és a dir tota l'antiga corona d'Aragó.

LA GUERRA DE SUCCESSIÓ. — Mentre la guerra ja s'anunciava, Felip i els seus ministres havien enfondit l'animadversió dels catalans envers la nova dinastia. Arreu de Catalunya es conspirava, i, després d'una primera temptativa dels aliats per a apoderar-se de Barcelona, els nostres ambaixadors van estipular, a Gènova, una aliança amb Anglaterra. Així una segona temptativa va reeixir, i Carles, dut per l'estol aliat, fou rebut com a rei. Barcelona fou assetjada pels exèrcits borbònics, espanyols i francesos; però la resistència heroica dels catalans i l'arribada de reforços van obligar-los a una retirada desastrosa. Aragó i València es declararen també per Carles III. Dues vegades els aliats van entrar a Madrid (1706-1710). En canvi, Felip triomfava a Almansa (1707), i, conquerint València, li arrabassava les llibertats. Triomfava pocs anys després a Villaviciosa (1710) i avançava sobre Catalunya.

EL TRACTAT D'UTRECHT. — En aquesta crítica situació l'emperador d'Àustria va morir, i Carles pujà al tron imperial; per evitar la unió de les corones d'Espanya i Àustria, els aliats van abandonar-lo. A Utrecht (1713) es va signar la pau. Els catalans foren deixats a la venjança de Felip V. Carles, ara emperador, no va complir els seus deures envers Catalunya; Anglaterra no va complir el pacte de Gènova.

LA CAIGUDA DE BARCELONA. — Catalunya, aplegada per darrera vegada en Junta de Braços, es va aparellar a resistir. Caigudes les altres places catalanes, amb la sola excepció de Cardona, Barcelona fou assetjada pels exèrcits d'Espanya i França dirigits pel duc de Pópuli i finalment pel duc de Berwick. Tretze mesos va deturar-los heroicament davant els seus murs, tot produint l'admiració d'Europa. El Consell municipal, al cap del qual es trobava Rafael Casanova, fou l'ànima de la resistència; la suprema direcció militar fou menada pel general barceloní Antoni de Villarroel. El cercle es va anar estrenyent. Debades Catalunya va cercar la protecció de països estrangers; debades guerrillers catalans van voler auxiliar la ciutat. El dia 11 de setembre de 1714 va caure Barcelona, després d'un dels setges més heroics que recorda la Història. Pocs dies després es rendia Cardona (18 de setembre).

L'any següent a la caiguda de Barcelona es va rendir Mallorca, defensada pel virrei català marquès de Rubí. Un territori de llengua catalana, l'illa de Menorca, fou cedit a Anglaterra pel tractat d'Utrecht.

També va ésser el marquès de Rubí qui va defensar Sardenya contra l'expedició filipista que va acabar ocupant-la (1717).

**Assalt a Barcelona, l'11 de setembre de 1714.**

LA REPRESSIÓ. — Catalunya va veure suprimides totes les seves institucions, llevat el Dret civil; i en el Decret de Nova Planta es va dictar la manera com havia d'ésser regida. El virrei fou substituït pel Capità General, el qual era assistit per la Reial Audiència. Es va prohibir l'ús de la llengua catalana en la tramitació dels plets, i es va recomanar que de mica en mica fos foragitada de les escoles. Foren suprimides totes les universitats del Principat, i creada, per a substituir-les, la de Cervera. A Barcelona fou construïda la Ciutadella, fortalesa que amenaçava la ciutat. El guerriller Bac de Roda, el general Moragues i altres cabdills i patriotes catalans foren executats o empresonats. D'altres pagaren amb l'exili.

Molts dels emigrats (Casanova entre ells) es van refugiar a la cort imperial de Viena. D'altres mesures opressores van ésser preses, i durant molts anys un veritable terrorisme va imperar a Catalunya.

# 36

# CATALUNYA SOTA ELS REIS DE LA CASA DE BORBÓ

FERRAN VI I CARLES III. — Durant els regnats de Felip V i dels seus fills Ferran VI (1746-1759) i Carles III (1759-1788), Catalunya va començar a treballar en la seva reconstitució econòmica. Sembla que cal situar al voltant del 1726 l'inici del redreçament. En aqueixa tasca la burgesia i la menestralia tingueren un lloc capdavanter. La burgesia entra aleshores a ésser l'element director de la vida de Catalunya.

La pau i les reformes dels regnats de Ferran VI i Carles III van afavorir el ressorgiment econòmic, especialment la concessió que Carles III va fer a Barcelona i altres ports catalans de comerciar directament amb Amèrica (1778). A partir d'aquest moment molts milers de catalans van a Amèrica i s'hi instal·len permanentment, o hi resideixen un temps i retornen després a llur país amb els cabals acumulats en uns anys de dur treball. Anteriorment a aquesta data, aprofitant autoritzacions o circumstàncies excepcionals, alguns catalans havien dut a terme a Amèrica activitats dignes d'esment, com Jaume Orpí, fundador de la Barcelona de Veneçuela (1637), com els caputxins catalans evangelitzadors de la Guaiana (des de vers 1661), com la de Gaspar de Portolà i fra Ginebró Serra que, amb un nombrós grup de soldats, mariners i frares catalans i mallorquins, van colonitzar i evangelitzar l'Alta Califòrnia (des del 1769), i com la del mallorquí Joan Perés que el 1773 o 1774 va navegar fins als confins meridionals d'Alasca, on després (1790-1795) actuarien els catalans Alberni i Súria. També van afavorir el ressorgiment econòmic les expedicions contra Alger per tal d'extingir la pirateria barbaresca, tasca en la qual es distingí l'almirall mallorquí Antoni Barceló, i la creació de la Junta de Comerç (1758 i definitivament el 1763) i de les Societats Econòmiques d'Amics del País.

D'altra banda, la cultura va rebre impuls amb la fundació de la Reial Acadèmia de Bones Lletres (1729), de la de Ciències naturals i Arts (1770) i de la de Medicina pràctica (1786); amb les Escoles de la Junta de Comerç (Escoles de Nàutica i de Nobles Arts); i amb la fundació del Col·legi de Cirurgia de Barcelona, creat (1760) pel gran cirurgià català Pere Virgili, que ja havia fundat el de Cadis (1748), i realçat per una altra gran figura de la nostra cirurgia, Antoni Gimbernat, que hi fou professor i que va fundar el Col·legi de Cirurgia de Madrid (1787). Entre els metges també destaquen les figures de Gaspar Casal, que ha pogut ésser proclamat com «el valor mèdic més ferm de la centúria a Espanya»; Salvà i Campillo, un dels primers propugnadors de la vacuna a la Península, i el menorquí Mateu Orfila, que, després d'estudiar a València i a Barcelona, va passar a França, on arribà a ésser degà de la Facultat de Medicina de París. Entre els químics va obtenir fama europea Francesc Carbonell; i semblantment va obtenir-ne, entre els astrònoms i físics, el rossellonès Francesc Aragó, establert a la capital francesa.

La mateixa Universitat de Cervera, malgrat els seus orígens de venjança i de càstig, fogar únic com fou de cultura universitària a Catalunya, comptant des dels inicis amb alguns mestres molt ben seleccionats, que li van comunicar una ràpida creixença, va aconseguir, cap a mitjan segle XVIII, tant per algunes altes figures que l'havien il·lustrada, com pel professorat, com pel concurs d'estudiants, un nivell molt digne de respecte. Són els decennis centrals presidits per la venerable figura del vice-canceller Josep Finestres. Després Cervera decaigué, anquilosada. L'expulsió dels jesuïtes, decretada per Carles III (1767), privant-la d'alguns dels seus mestres, en fou una de les causes. I al final del segle XVIII Barcelona comença a mostrar la seva voluntat de rescatar la Universitat perduda. No havia, però, d'aconseguir-ho definitivament fins l'any 1842, després d'haver-hi funcionat des del 1836 uns Estudis Generals de segon i tercer ensenyament.

**Acció de la Companyia de la Junta de Comerç de Barcelona.**

A València el moviment erudit s'encarna en l'alta figura de Gregori Mayans i Siscar.

En l'art, tingué una notable influència la vinguda a Catalunya, amb l'arxiduc Carles, d'artistes centreuropeus i italians que marquen direccions als nostres artistes. Un dels més influïts (pel pintor Galli) fou Antoni de Viladomat, considerat per Mengs com el millor pintor espanyol del seu temps. L'escultura compta amb mestres d'alta categoria com són Damià Campeny, Antoni Solà i Lluís Bonifàs. En l'arquitectura el barroc, ja evolucionant vers el neoclacissisme, dóna algunes de les seves millors produccions, entre altres la façana de la catedral de Girona, l'església del Carme, de Vic, la catedral nova de Lleida, el santuari de la Gleva, prop de Manlleu, el del Miracle, prop de Solsona, l'església de la Mercè i el palau de la Virreina, de Barcelona, i el palau del Marquès de Dosaigües a València, qualificat de «la més bella residència del rococó a Espanya»; la seva magnífica part escultural és deguda a l'escultor valencià Ignasi Vergara. Triomfa després, en el tombant del segle, la influència neoclàssica, de la qual és un dels millors representants l'arquitecte Joan Soler, autor de la part moderna de la Llotja barcelonina. Cal esmentar també dins aquest període els edificis de la Universitat de Cervera, la catedral de Vic i la façana del palau episcopal de Solsona.

La música rep, poderosa, la influència italiana, tant en l'aspecte religiós com en el profà. Sovintegen les representacions d'òpera italiana a Barcelona. En la pugna que es produeix dins la música espanyola, el moviment innovador parteix de Catalunya i s'encarna en la figura del mataroní Francesc Valls, «el músic més revolucionari de la Península». Dins l'escola valenciana destaca Pere Rabassa, mestre de la Seu valentina. Al final del XVIII sorgeix el barceloní Ferran Sors, que triomfa arreu d'Europa —a França i a Anglaterra, i fins a Rússia— no sols com a eximi guitarrista, sinó també com a compositor d'òperes i ballets. Esmentem també la producció dels operistes Domènec Terradelles i Vicenç Martín, la del conreador de música de cambra Antoni Soler, i la dels montserratins Josep Anton Martí, Anselm Viola i Narcís Casanoves.

Quant a les lletres, si bé la poesia popular segueix brollant en belles cançons, la literatura erudita marca el nivell més baix de la llengua catalana. Malgrat tot hem d'assenyalar les figures dels poetes erudits Agustí Eura, bisbe d'Orense, i Ignasi Ferreres, que van continuar usant la llengua materna, la del gramàtic Josep Ullastre, que entre el 1743 i el 1762 va escriure tres redaccions d'una original gramàtica de la nostra llengua que no va arribar a editar-se, i la de Baldiri Reixach, que va publicar unes notables *Instruccions per a l'ensenyança dels minyons* (1748). A València hi ha dues figures, Carles Ros i el P. Lluís Galiana, força notables com a propugnadors de l'ús de l'idioma propi.

LA CULTURA CATALANA A MENORCA DURANT LA DOMINACIÓ ANGLESA. — Menorca va ésser ocupada per Anglaterra des del 1713 al 1781, amb un parèntesi d'ocupació francesa en 1756-1763, i tornarà a estar en poder dels anglesos en 1798-1802. La dominació anglesa va comportar una gran difusió de l'ensenyament primari, que va ésser impartit en llengua catalana. El 1750 hi va ésser instal·lada la primera impremta. El 1778 hi és fundada la «Societat Maonesa de Cultura» que té el català com a llengua oficial; la presideix Joan Roig i Cardona i en són figures destacades els germans Joan, Pere i Bartomeu Ramis i Ramis, el cronista Joan Roca i Vinent, el dramaturg Vicenç Albertí i el gramàtic Antoni Febrer i Cardona, que té un claríssim sentit de la unitat idiomàtica de tots els Països Catalans. Durant aquest període les publicacions menorquines en català cobreixen totes les matèries possibles en una col·lectivitat d'uns vint mil habitants.

Dins el període 1763-1781 una nombrosa colònia de menorquins va establir-se a la península de la Florida, llavors sota dominació anglesa, principalment a la ciutat de Sant Agustí, i durant un segle i mig hi van conservar la nostra llengua. Pertanyia a aquesta comunitat l'almirall Farragut, heroi de la guerra de la independència nord-americana.

UN MOMENT INTERESSANT DE LA LITERATURA CATALANA AL ROSSELLÓ. — Dins la segona meitat del segle XVIII i els primers anys del XIX hi ha al Rosselló un cert moviment teatral en llengua catalana que ofereix un remarcable interès. Es tracta de teatre principalment religiós, uns cops original, d'altres traduït del francès, però sempre escrit amb una gran dignitat i amb una relativa perfecció formal. Assenyalem, al

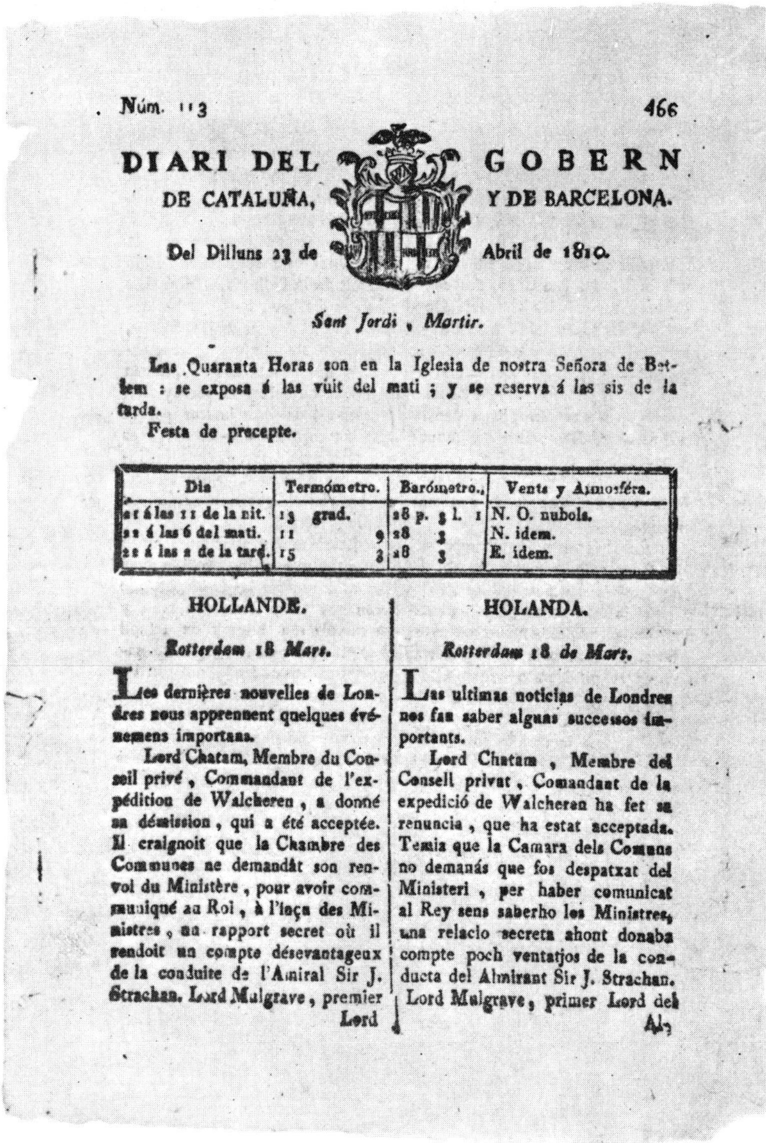

Núm. 113 — 466

DIARI DEL GOBERN
DE CATALUÑA, Y DE BARCELONA.

Del Dilluns 23 de Abril de 1810.

*Sant Jordi, Martir.*

Las Quaranta Horas son en la Iglesia de nostra Señora de Betlem: se exposa á las vuit del mati; y se reserva á las sis de la tarda.

Festa de precepte.

| Dia | Termómetro. | | Barómetro. | | | Vents y Atmosféra. |
|---|---|---|---|---|---|---|
| 21 á las 11 de la nit. | 13 grad. | | 28 p. | 3 l. | 1 | N. O. nubols. |
| 22 á las 6 del mati. | 11 | 9 | 28 | 3 | | N. idem. |
| 22 á las 2 de la tard. | 15 | 3 | 28 | 3 | | E. idem. |

HOLLANDE.

*Rotterdam 18 Mars.*

Les dernières nouvelles de Londres nous apprennent quelques événemens importans.

Lord Chatam, Membre du Conseil privé, Commandant de l'expédition de Walcheren, a donné sa démission, qui a été acceptée. Il craignoit que la Chambre des Communes ne demandât son renvoi du Ministère, pour avoir communiqué au Roi, à l'inçu des Ministres, un rapport secret où il rendoit un compte désavantageux de la conduite de l'Amiral Sir J. Strachan. Lord Mulgrave, premier Lord

HOLANDA.

*Rotterdam 18 de Mars.*

Las ultimas noticias de Londres nos fan saber alguns successos importants.

Lord Chatam, Membre del Consell privat, Comandant de la expedició de Walcheran ha fet sa renuncia, que ha estat acceptada. Temia que la Camara dels Comuns no demanás que fos despatxat del Ministeri, per haber comunicat al Rey sens saberho los Ministres, una relacio secreta ahont donaba compte poch ventatjos de la conducta del Almirant Sir J. Strachan. Lord Mulgrave, primer Lord del Al-

«Diari del Govern de Catalunya i de Barcelona» (1810)

costat d'algunes obres originals generalment anònimes, les traduccions d'*Esther* i d'*Athalie* de Racine i de *Polyeucte* de Corneille, fetes pel monjo de Cuixà Miquel Ribes, la de *Zaïre* de Voltaire, deguda a Àngel Barrière, i la de *Josep regonegut per sos germans* de Metastàsio, duta a terme per mossèn Ques, rector del Soler.

CATALUNYA I LA REPÚBLICA FRANCESA. — Regnant a Espanya Carles IV (1788-1808), fill de Carles III, va esclatar a França la Revolució que va posar fi a la monarquia i va portar una renovació pregona en les idees polítiques i en l'organització dels Estats. La Convenció Nacional francesa, que assenyala el punt culminant de la Revolució (1793), va ocupar-se de Catalunya i de la política a desenrotllar-hi. Agents revolucionaris la recorren. Però els catalans, malgrat la simpatia que la República francesa sentia envers ells i els seus projectes d'instauració d'una República catalana, van lluitar-hi tenaçment quan França va declarar la guerra a Espanya (1793). Aquesta guerra fou anomenada a Catalunya «la Guerra Gran».

CATALUNYA I NAPOLEÓ. — Sobre el capgirament produït per la Revolució francesa es va dreçar un home genial, Napoleó Bonaparte, que des del seu origen humil va saber elevar-se fins al tron imperial de França i esdevenir l'àrbitre d'Europa. Gràcies a la seva artera política, Carles IV i el seu fill Ferran, atrets per ell a Baiona, li van cedir llurs drets a la Corona d'Espanya. Però Napoleó no fou més sortós amb Catalunya que la República francesa. Malgrat que, un cop constituït el Govern a Catalunya, va declarar oficial la llengua catalana, malgrat que va anunciar una política beneficiosa per a la nostra terra, Catalunya va mostrar-se irreductible enfront d'ell, de les seves tropes i dels seus funcionaris. Napoleó va acabar per separar Catalunya d'Espanya i per annexionar-la a l'Imperi francès, dividida en quatre departaments: Ter, Montserrat, Segre i Boques de l'Ebre (1812).

LA GUERRA CONTRA L'IMPERI. — En començar la guerra, es constituí a Lleida la Junta Suprema de Catalunya. A poc a poc va anar caient en poder dels francesos tota la nostra terra —llevat de les Illes—, malgrat fets d'armes tan heroics com les dues victorioses batalles del Bruc (1808) i la resistència de Girona tres voltes assetjada. Però Napoleó, amenaçat en altres indrets pels seus enemics coalitzats, va haver de treure tropes d'Espanya i va pactar amb Ferran VII (1813).

LES CORTS DE CADIS. — Mentre durava la guerra contra Napoleó, es van aplegar a Cadis unes Corts que van redactar una Constitució inspirada en les idees liberals i renovadores, però d'un caràcter completament centralista (1812). S'hi declara que uns mateixos codis regiran a tota la monarquia.

FERRAN VII. — Tornat a Espanya, Ferran VII va abolir la Constitució. Començà aleshores una lluita entre els liberals, que n'eren partidaris, i els absolutistes, que n'eren contraris. A Catalunya repercuteixen aquestes lluites, les quals esdevenen sovint sagnants. En termes generals, les ciutats, amb Barcelona al capdavant, i els territoris de marina són liberals, mentre la muntanya, tradicionalista, es decanta pel poder reial. Així, durant els anys 1821-23, en què dominen els liberals (trienni liberal) guerrillers reialistes com En Misses i mossèn Anton («el Trapense») lluiten a Catalunya; i a la Seu d'Urgell s'instal·la una regència absolutista —la «regència d'Urgell»— formada pel marquès de Mataflorida, l'arquebisbe Jaume Creus i el baró d'Eroles. Restablert Ferran VII en les seves prerrogatives per la intervenció estrangera (els «cent mil fills de sant Lluís»), va produir-se la reacció absolutista, de feroç persecució contra els liberals. Però la fracció més exaltada de l'absolutisme —els «apostòlics»—, trobant encara poc rigorosa la persecució, gira els ulls cap a don Carles, el germà de Ferran VII, i a Catalunya es produeix l'alçament dels «agraviats» o «malcontents», que ha pogut considerar-se com un alçament carlí (abril-setembre 1827). Per contra, la persecució contra els liberals s'encarna a Catalunya en la figura del capità general Carles d'Espanya (en realitat d'Espagnac), que durant uns quants anys tingué sotmès el país a un règim de terror. Calgueren les perspectives de la lluita dinàstica, la influència de la reina Maria Cristina i la salut trontollant del rei perquè el capità general fos rellevat del seu càrrec i Catalunya i especialment Barcelona despertessin del malson que fou el seu govern.

En aquest regnat Espanya perd gairebé tot l'imperi colonial americà. Sols Cuba, Puerto Rico i Filipines resten sota el domini espanyol.

ISABEL II.—Isabel, filla de Ferran VII, succeeix al seu pare. Tot el regnat d'Isabel II es passa en lluites civils. De primer és el seu oncle don Carles que aspira a la corona i produeix les guerres carlines, després l'oposició entre els partits, que es tradueix en revoltes populars i alçaments de l'exèrcit o pronunciaments. Una noble iniciativa del gran pensador català Jaume Balmes per a reconciliar el país, dividit i desfet per la guerra civil, és feta fracassar per les intrigues palatines (1846). A la fi, la Revolució de Setembre (1868), dirigida pel general Prim, reusenc, un dels herois de la guerra del Marroc (1860), destrona la reina Isabel i porta al tron Amadeu de Savoia (1870).

En l'esmentada guerra contra el soldà del Marroc —la «guerra d'Àfrica», com l'anomenava el poble—, ultra el general Prim, van prendre part contingents de voluntaris catalans. Gran figura d'estadista, Joan Prim i Prats fou víctima d'un atemptat a Madrid la nit del 27 de setembre de 1870, i moria el dia mateix de l'arribada del rei Amadeu a la Península (dia 30). Privat així del qui l'havia fet rei i del qui hauria pogut guiar-lo i sostenir-lo, Amadeu va trobar-se perdut enmig de les lluites i de les intrigues dels partits.

LA REPÚBLICA I LA RESTAURACIÓ. — Havent renunciat Amadeu, és proclamada la República (11 febrer 1873). Són catalans els seus dos primers presidents, Figueres i Pi i Margall.

La República federal apareix com l'ideal dels republicans

**Combat de Maials, a la primera guerra carlina.**

catalans, però no arriba a instaurar-se. La República dura poc: l'any següent (29 desembre 1874), és restaurada la dinastia borbònica amb Alfons XII, al qual succeeix el seu fill Alfons XIII, sota la regència de la seva mare Maria Cristina (1885).

En aquest darrer període tenen lloc els alçaments definitius de Cuba, Puerto Rico i Filipines, que duen les darreres colònies, ajudades pels Estats Units, a llur independència d'Espanya (1898).

Catalunya pren una part molt activa en totes les lluites polítiques. Aparentment s'ha fos dins el moviment dels partits espanyols, però instintivament tria aquells que s'inspiren en doctrines federalistes o federalitzants: els més populars d'aquells partits entre nosaltres són els republicans federals de Pi i Margall i els carlins, que propugnen el restabliment de les llibertats abolides per Felip V. Aviat, però, els catalans organitzaran partits propis.

Al marge de les lluites dels partits o barrejant-se amb elles, comença a descabdellar-se el moviment obrerista català, que s'enllaça amb l'anarquisme internacional i, en molt més reduïda proporció, amb el socialisme de Marx i Engels.

# 37

# LA RENAIXENÇA CATALANA

Al llarg dels segles de decadència, Catalunya havia conservat no solament els seus caràcters essencials, sinó també els ressorts de resistència i de recobrament. Per això, quan circumstàncies històriques favorables van coadjuvar-hi, la renaixença catalana no va deixar de produir-se en tots els aspectes, especialment en l'econòmic, l'espiritual (literari, historiogràfic, artístic) i fins i tot el polític.

La renaixença econòmica. — La voluntat de desvetllament econòmic, que apunta en el regnat de Carles II, s'aferma i aconsegueix esplèndides realitzacions durant el segle XVIII, especialment d'ençà de la concessió a Catalunya de la llibertat de comerciar amb Amèrica (1778). La seva indústria i el seu comerç esdevenen factors de cabdal importància. Tots els invents que susciten la revolució industrial penetren més o menys lentament a Catalunya. Amb alts i baixos, al llarg de dos segles, i després d'una lluita tenacíssima, Catalunya reïx a aconseguir dels governs centrals la política proteccionista convenient per a l'enfortiment econòmic. Tota la vida del país resulta beneficiada per la prosperitat material, i en conseqüència també l'aspecte espiritual. La Junta de Comerç, fundada en temps de Ferran VI, fou una de les institucions que més van esforçar-se a empènyer i dirigir aquesta renaixença econòmica, tot estimulant la cultura. Els estudis històrics foren impulsats, i gràcies a aquest impuls Antoni de Capmany i Montpalau va escriure el seu llibre fonamental sobre la marina, el comerç i les arts de l'antiga ciutat de Barcelona, magnífica revelació d'un dels aspectes més impressionants del nostre passat (1779-1792).

També s'enllaça amb aquest deler de ressorgiment en tots

els ordres l'agosarada empresa del català Domènec Badia, més conegut amb el nom d'Alí Bei. En el regnat de Carles IV, en relació alguna hora amb la Junta de Comerç i protegit pel govern de Godoy, Badia va passar a l'Imperi del Marroc i després va prosseguir el seu viatge fins a la Meca. El llibre que va publicar a París, sobre aquest viatge, va fer-lo cèlebre.

LA RENAIXENÇA LITERÀRIA I HISTORIOGRÀFICA. — Cap a la fi del segle XVIII es produeixen algunes manifestacions de desvetllament literari, que continuen en els primers temps del segle XIX. És el que s'ha anomenat pre-romanticisme i pre-renaixença. Es tracta de l'elaboració d'obres d'una certa ambició en llengua catalana. Esmentem el mataroní Antoni Puig i Blanch, que va escriure vers 1823 el poema èpic *Les Comunitats de Castella*, i l'ignorat autor d'un altre poema, potser anterior, titulat *Lo Temple de la Glòria*. Assenyalem també el nom del vell sacerdot barceloní Josep Pau Ballot, catedràtic de retòrica, amb la seva *Gramàtica i apologia de la llengua catalana*, concebuda el 1810 i acabada el 1814, que ja sembla respirar aires de renaixença.

D'altra banda, l'acabament de la guerra napoleònica va produir la tornada a Catalunya d'erudits com Fèlix Torres Amat i Pròsper de Bofarull, i si el primer treballa en un Diccionari d'escriptors catalans iniciat amb el seu germà Ignasi, el segon comença l'elaboració de *Los condes de Barcelona vindicados*.

Successivament, altres historiadors, arqueòlegs i filòlegs, com Pau Piferrer, com Víctor Balaguer, com Antoni de Bofarull, com Pi i Arimon, com Manuel Milà i Fontanals, com Josep Balari i Jovany, com el menorquí Josep Maria Quadrado, com el mallorquí Marià Aguiló, van prosseguir la tasca de revelar als catalans llur passat col·lectiu. S'havia produït a Europa un moviment intel·lectual contrari al Renaixement clàssic del segle XV: el Romanticisme. Així com els renaixentistes giraven els ulls cap a l'antiguitat grega i llatina, els romàntics els giraven cap a l'Edat mitjana. I els romàntics catalans, atrets per la visió de la Catalunya me-

**Mossèn Jacint Verdaguer (1845-1902).**

Àngel Guimerà (1845-1924).

dieval, van voler que la llengua catalana, parlada encara per tots els catalans, tornés a ésser una llengua literària. Així aparegueren els primers poetes: Aribau i la seva famosa oda *La pàtria* (1833), i Rubió i Ors, que va publicar les seves primeres poesies catalanes el 1836 i les encapçalades pel *Gaiter del Llobregat* el 1839; així foren restaurats els Jocs Florals (1859).

D'ençà d'aquella hora la literatura catalana ha anat desenrotllant-se i enriquint-se. La poesia comptarà aviat amb noms tan excelsos com els de Jacint Verdaguer, Àngel Guimerà, Joan Maragall, Teodor Llorente, Miquel Costa i Llobera i Joan Alcover.

El teatre, del qual pot considerar-se fundador Frederic Soler («Pitarra»), pren més ampla volada amb el citat Àngel Guimerà; la novel·la, amb Narcís Oller, que introdueix a Catalunya el naturalisme a imitació de Zola; la prosa històrica, amb Rubió i Lluch, cap de l'escola d'història i d'erudició, coneguda amb el seu nom, i amb el mallorquí Miquel dels Sants Oliver, també poeta i publicista; la prosa religiosa amb el gran bisbe de Vic, Josep Torras i Bages, autor de *La Tradició catalana*.

Totes les terres de llengua catalana (Catalunya, les Balears, València i el Rosselló) contribueixen a aquest ressorgiment. Així, dels poetes abans esmentats, els tres primers són catalans del Principat, el quart valencià i els altres dos mallorquins. Fins la llunyana Alguer, des de l'illa de Sardenya, se suma al moviment de renaixença.

També en l'esfera de la filosofia es produeix un feliç desvetllament: Catalunya torna a tenir, amb el vigatà Jaume Balmes (1810-1848), un gran pensador de categoria europea. Les seves obres foren traduïdes als principals idiomes. Fou també un gran publicista i, com hem vist, un polític en el més alt sentit de la paraula. En una esfera més modesta, però més en contacte amb el moviment de la Renaixença catalana, Ramon Martí d'Eixalà i, més ençà, Xavier Llorenç adapten a Catalunya la filosofia escocesa del sentit comú,

Joan Maragall (1860-1911).

coneguda al començament a través de traduccions i adaptacions franceses (1833) i més tard ja directament.

La renaixença artística. — L'estil neoclàssic del segle XVIII es prolonga durant la primera part del segle XIX. Escultors com Damià Campeny i Antoni Solà, i com Adrià Ferran (establert a Mallorca), algunes manifestacions de l'anhel urbanitzador, algun pintor escadusser, salven, al Principat, el desert espiritual dels decennis absolutistes. València evita el col·lapse gràcies a l'acció de l'Acadèmia de Sant Carles (pintura) i a algunes figures rellevants, com Vicenç López, notable retratista. L'influx romàntic arriba amb Xavier Parcerisa, autor de les il·lustracions dels *Recuerdos y bellezas de España,* amb Pau Milà i Fontanals, germà de Manuel, amb Claudi Lorenzale i amb Joaquim Espalter. Però la tendència romàntica idealista, que ells encarnaven, aviat ha de cedir el pas al romanticisme realista, i després simplement al realisme i al naturalisme. I a partir de mitjan segle s'inicia la corrua de noms il·lustres que encapçalen, entre els pintors, Marià Fortuny, Benet Mercader, Ramon Martí i Alsina, Joaquim Vayreda, i que seguirà amb Ramon Cases, Santiago Russinyol, Joaquim Mir, Joaquim Sorolla, Isidre Nonell i molts d'altres; i entre els escultors, els de Venanci i Agapit Vallmitjana, Rossend Nobas, Jeroni Sunyol, Marià Benlliure, Agustí Querol, Miquel Blay, Josep Llimona, Josep Clarà, que triomfen no sols a Catalunya i València, sinó a Madrid i a tota la Península i, encara, a l'Amèrica llatina. El rossellonès Arístides Maillol ha dut l'escultura catalana a la màxima anomenada mundial. Dins el seu mestratge, però amb personalitat pròpia, hi ha Enric Casanovas i Pau Gargallo.

Amb la valoració dels estils medievals —el romànic i el gòtic—, arquitectes com Elies Rogent trenquen el domini neoclàssic i obren pas a l'eclecticisme i al modernisme que culmina en l'obra genial d'Antoni Gaudí i en les notabilíssimes de Domènech i Montaner, i Puig i Cadafalch.

La música segueix una doble direcció: la popular, representada per Anselm Clavé (1824-1874) i les seves masses corals, precedent dels orfeons que tanta d'influència han tingut en el desvetllament del nostre poble, i l'erudita, encarnada en el Conservatori del Liceu, fundat l'any 1838, i en la figura de Felip Pedrell (1841-1922), que emprengué la metodització del estudis de musicologia i es proposà la reforma de la música religiosa i la creació d'una òpera nacional. Ambdós corrents arriben, sovint entrecreuant-se, a altes realitzacions, amb l'Orfeó Català del mestre Lluís Millet (1891), i amb l'obra d'Isaac Albèniz, Enric Granados, Amadeu Vives, Antoni Nicolau, Enric Morera, Jaume Pahissa i Pau Casals.

La renaixença política. — La Catalunya medieval, que atreia les mirades dels catalans, no havia estat solament culta i rica: també havia tingut la iniciativa de la seva actuació pública. Per això al costat de la renaixença econòmica i de la renaixença literària i cultural, unida amb elles, va produir-se una renaixença política. Alguns catalans van esforçar-se per crear a Catalunya forces deslligades dels partits generals espanyols i guiades per un ideal descentralitzador, que, en intensitat i grau diversos, arribà a ésser el comú denominador de totes les forces catalanes. Aparegueren, així mateix, els teoritzadors polítics. I uns i altres, teòrics i pràctics, van exercir una forta influència, no sols damunt el descabdellament de la vida de Catalunya, sinó també damunt el de tot Espanya.

Les lluites socials. — La progressiva industrialització del país va donar una importància cada dia major a la classe obrera i aviat van produir-se tensions i conflictes en el món del treball, els primers dels quals que coneixem són del 1827. Davant la puixança econòmica patronal els treballadors van intentar associar-se per defensar llurs interessos. Els primers moviments societaris semblen del 1839, però ja abans s'havien produït convulsions amb l'intent de destruir la maquinària moderna, acusada de deixar sense feina els obrers (luddisme), des del 1821. La primera vaga de diversos

«La vaga» (1902), per Ramon Casas.

oficis per solidaritat amb un d'ells es produeix el 1854, que és quan tenen lloc les darreres manifestacions de luddisme. La primera vaga general és del 1855 i aquest any és també el del primer atemptat de caràcter social. Els primers contactes dels nostres treballadors amb les Internacionals Obreres semblen del 1866. Vers la fi del 1868 o començament de l'any següent són creats entre nosaltres els primers nuclis anarquistes, integrats principalment per intel·lectuals i petits burgesos. El 1869 és l'any de la fundació d'una de les més importants entre les nostres societats obreres, «Les Tres Classes de Vapor», que perdurarà fins al 1916. De «Les Tres Classes» sortiran el 1882 el Partit Democràtic Socialista i el 1884 la Federació Nacional d'Obrers, que el 1888 es convertirà en la Unió General de Treballadors. Ambdues agrupacions es traslladaran després a Madrid i la primera serà l'embrió del Partit Socialista Obrer Espanyol. Ni l'una ni l'altra no aconseguiran de tenir un clima favorable en el nostre món obrer. Les primeres accions de terrorisme anarquista es produeixen el 1892 a València i l'any següent a Barcelona, i aviat els àcrates adquireixen una gran influència sobre els nostres treballadors. Les dificultats posades pels governs de la Restauració al normal funcionament de les societats obreres contribueixen notablement a incrementar aquella influència. El 1890 va ésser celebrada per primer cop entre nosaltres la festa de reivindicació obrera del Primer de Maig. El 1907 és creada pel jesuïta Gabriel Palau l'Acció Social Popular, punt de partida d'una efectiva actuació cristiana no paternalista en el nostre món del treball. El 1910 és constituïda a Barcelona la Confederació Regional del Treball, d'inspiració anarquista, que l'any següent es convertirà en Confederació Nacional i aconseguirà aviat una posició preeminent en les lluites socials dels Països Catalans.

Les tensions econòmico-socials originades per la primera guerra mundial van derivar en una lluita violenta, iniciada amb atemptats el 1917 i continuada després amb vagues, boicots, locauts i actes d'agressió i terrorisme per ambdues bandes. Entre els dirigents del moviment obrer destaquen

Francesc Layret, assassinat el 1920, i Salvador Seguí, mort també a causa d'un atemptat el 1923.

Els conflictes del camp, originats en època molt reculada (1765), s'aguditzen vers la fi del segon decenni del segle XX i donen lloc a la creació el 1922 de la Unió de Rabassaires, que ja existia de fet des de dos anys abans.

L'EVOLUCIÓ POLÍTICA. — La Revolució de Setembre del 1868 havia produït en el país una forta sotragada i l'estructura política fins aleshores imperant va començar a esllavissar-se. En aquestes circumstàncies el catalanisme cultural iniciat una generació abans té una accentuada tendència a polititzar-se. A això és deguda la fundació de La Jove Catalunya (1869) i la publicació del seu periòdic «La Gramalla» (1870), continuada per «La Renaixença» (1871) que serà diari a partir del 1881.

Mentrestant, l'acabament de la darrera guerra carlina amb la Restauració borbònica, i per tant amb la derrota dels dos contendents, produeix un profund desengany entre els partidaris d'aquests dos bàndols. Un home procedent del republicanisme federal, Valentí Almirall, va veure la possibilitat i la conveniència de refondre aquests dos corrents amb el del catalanisme cultural polititzat i amb el moviment de defensa dels interessos econòmics catalans que des del 1839 duia a terme una vigorosa campanya proteccionista. La fusió dels quatre corrents va donar lloc al catalanisme polític, la primera etapa del qual és marcada per la publicació del «Diari Català» (1879), el primer quotidià en la nostra llengua, la reunió del I Congrés Catalanista (1880), la fundació del Centre Català (1882), la celebració del II Congrés Catalanista (1883) que va condemnar l'afiliació dels catalans als partits generals espanyols, la redacció i presentació del Memorial de Greuges a Alfons XII (1885), i l'aparició de *Lo Catalanisme*, obra doctrinal de Valentí Almirall (1886).

Un greu error tàctic d'aquest, en oposar-se a la celebració de l'Exposició Universal de Barcelona del 1888, va donar lloc a una important escissió en el Centre Català i a la fundació de la Lliga de Catalunya (1887). Això va representar l'acabament del període presidit per la figura d'Almirall i el començament d'una nova etapa presidida per la personalitat de Lluís Domènech i Montaner, l'arquitecte modernista que tan brillant paper va tenir en aquella Exposició. Dins el nou període cal destacar la victoriosa campanya en defensa del Dret civil català (1889), la creació de la Unió Catalanista (1891), la celebració de la primera assemblea d'aquesta de la qual van sortir les anomenades Bases de Manresa per a un règim autonòmic de Catalunya (1892), i les primeres temptatives electorals catalanistes, amb el fracàs del 1898, la petita victòria del 1899, i el gran triomf de la candidatura anomenada dels Quatre Presidents (amb Domènech i Montaner i el doctor Bartomeu Robert entre ells) el 1901. La fundació de la Lliga Regionalista havia tingut lloc també aquest any, immediatament abans.

La vinguda d'Alfons XIII a Barcelona el 1904 va produir una escissió dins la Lliga, i amb això va cloure's el període Domènech i Montaner i començà el presidit per la gran figura d'Enric Prat de la Riba, que ja venia actuant com un brillant i eficaç segon en l'etapa anterior. Els amics de Prat de la Riba que publicaven des del 1892 el setmanari «La Veu de Catalunya», l'havien convertit en diari el 1899. Els que ara surten de la Lliga publiquen tot seguit el setmanari «El Poble Català» (1904), que esdevindrà diari el 1906. Molts d'ells constituiran ben aviat el primer grup d'esquerra catalanista que tindrà al llarg dels temps diverses reencarnacions. El nou període del catalanisme polític és ocupat en primer terme pel moviment denominat Solidaritat Catalana (1907), que aliarà quasi tots els grups polítics catalans i representarà la majoria d'edat política del catalanisme, i després per l'acció de govern de Prat de la Riba, que aquell mateix any és elegit president de la Diputació de Barcelona, i per la instauració de la Mancomunitat de Catalunya, que, amb la reunió de les quatre Diputacions catalanes (1914), refà la unitat del Principat trencada per la divisió provincial del 1833, i, sota la presidència de Prat de la Riba, duu a

Manifestació d'adhesió a la llei de Mancomunitats (1913).

terme una obra de gran mèrit, tant en l'aspecte cultural, com en el de creació d'una indispensable infrastructura.

Els transtorns produïts per la primera guerra mundial, en no ésser degudament atesos pels governs de Madrid, van donar lloc a la convocatòria a Barcelona, i per iniciativa catalana, d'una Assemblea de Parlamentaris que el govern va declarar il·legal, però malgrat tot es va celebrar (juliol del 1917). Pocs dies després (primer d'agost) Prat de la Riba moria a Castellterçol. El succeïa a la presidència de la Mancomunitat Josep Puig i Cadafalch, però la direcció general del moviment catalanista correspondria en realitat a Francesc Cambó.

La nova etapa es caracteritza per la col·laboració de personalitats de la Lliga i del mateix Cambó en els governs de la Monarquia (1917, 1918, 1921 i 1922) sense contrapartida de cap mena, per la campanya reclamant un estatut d'autonomia per a Catalunya (1918-1919) i per la derivació de la Lliga vers un partit de dreta d'interessos.

Tot això, juntament amb l'agudització de les lluites socials i l'estímul a què dóna lloc el triomf del principi de les nacionalitats en acabar-se la guerra mundial, produeix en l'opinió catalana un moviment de fons que té la seva expressió en l'anomenada Conferència Nacional Catalana celebrada a Barcelona els dies 4 i 5 de juny de 1922, de la qual va sortir la fundació d'Acció Catalana, partit en el qual es va integrar la quasi totalitat de la Joventut Nacionalista de la Lliga, juntament amb gent d'altres procedències. El triomf electoral de la nova agrupació en les eleccions de juny del 1923 va donar lloc a la retirada de Cambó de la política, a l'acabament del període presidit per ell i a l'obertura d'una nova etapa que ja no serà dirigida per una personalitat individual, sinó per un equip en el qual destacaran Lluís Nicolau d'Olwer, Jaume Bofill i Matas, i Antoni Rovira i Virgili.

El nou partit tenia un major radicalisme doctrinal i una visió més liberal, i ostentava com a lema «Catalunya endins», i per això dugué a terme una intensa campanya de sensibilització i desvetllament de l'opinió catalana. En això li serví d'eficaç instrument el seu diari «La Publicitat» que arribà a obtenir els màxims tiratges assolits per un diari en la nostra llengua. De cara enfora, hom s'esforçà a coordinar l'acció del Principat amb la de les Illes i del País Valencià, on des dels primers anys del segle la maduració política havia fet molt de camí; i a enllaçar la del conjunt dels Països Catalans amb la del País Basc i Galícia constituint el que es va anomenar la Triple Aliança.

La dictadura del general Primo de Rivera (1923-1930) va impedir l'acció política normal i va obligar a l'actuació clandestina. Acció Catalana va ésser el factor principal d'aquesta activitat i del redreçament cultural d'iniciativa privada, destinada a suplir la defecció de les corporacions públiques. La Mancomunitat de Catalunya va ésser sostreta als representants populars (1924), lliurada a un president governatiu, i

**Enric Prat de la Riba, president de la Mancomunitat de Catalunya (1914).**

finalment dissolta (1925). Diverses personalitats catalanes van denunciar davant organismes internacionals els danys inferits a les llibertats ciutadanes i a la llengua i cultura de Catalunya. Les conspiracions i complots van sovintejar. Va tenir gran ressonància l'intent de penetració armada, planejat per l'ex-tinent coronel i antic diputat de la Solidaritat, Francesc Macià, i un grup de partidaris seus, des de Prats de Molló (1926). La policia francesa va detenir els conjurats.

els quals van ésser sotmesos a procés. El judici va tenir lloc a París i va constituir un gran acte de propaganda.

Vers la fi de la Dictadura van aparèixer dos nous diaris catalans: «La Nau», de centre-esquerra, dirigit per Rovira i Virgili (1927), i «El Matí», inspirat en un catolicisme obert i progressiu (1928), que aviat va assolir una gran difusió.

El dictador havia creat una Assemblea Nacional Consultiva (1927), naturalment designada des de dalt. Malgrat això, un assembleista català, Josep Ayats, va fer-hi el 16 de gener de 1928 una interpel·lació al govern censurant la seva política en relació amb Catalunya.

Poc després es va manifestar una greu i persistent crisi monetària que va donar lloc a una sèrie d'articles de Francesc Cambó als quals van intentar inhàbilment de contradir el dictador i el seu ministre de Finances que va acabar dimitint.

Aquesta crisi monetària, el desgast natural de la situació, el malestar a les universitats, els conflictes que el general Primo de Rivera s'havia creat amb el propi Exèrcit i la impopularitat total del règim, van provocar la seva caiguda al començament del 1930.

El va succeir una dictadura atenuada, presidida pel general Berenguer, que va desfer una part de l'obra del seu antecessor i va restablir una certa normalitat. A Catalunya, però, no va ésser restaurada la Mancomunitat, i l'exhibició de la seva bandera, prohibida pel general Primo de Rivera, encara va quedar sotmesa a restriccions. Els partits van tornar a organitzar-se. Rovira i Virgili i un grup d'amics seus van separar-se d'Acció Catalana i van crear Acció Republicana, situada més a l'esquerra (1930). El 17 d'agost d'aquest any els representants de l'oposició republicana, reunits a Sant Sebastià, van convenir en un pacte per a l'establiment de la República. Hi van assistir delegats d'Acció Catalana, Acció Republicana i l'Estat Català de Francesc Macià, i va garantir-s'hi a Catalunya l'expressió i la satisfacció de la seva voluntat. El 17 de febrer del 1931 la dictadura Berenguer va ésser substituïda per un govern presidit per l'almi-

**Francesc Macià, president de la Generalitat de Catalunya, presenta al poble l'Estatut d'Autonomia (1931).**

rall Aznar en el qual figurava Joan Ventosa i Calvell, dirigent de la Lliga Regionalista. Van ésser convocades eleccions municipals per al 12 d'abril següent. Llavors Acció Republicana va tornar a integrar-se dins Acció Catalana formant Acció Catalana Republicana, anomenada també Partit Catalanista Republicà. El mes de març, sota la presidència de Francesc Macià, era constituïda l'Esquerra Republicana de Catalunya, que va obtenir una victòria esclatant en les eleccions del 12 d'abril, amb la qual s'obria un nou període en la història del catalanisme.

Aquest triomf i el de republicans i socialistes a gairebé tots els centres urbans de l'Estat espanyol, van donar lloc a la proclamació de la República (14 d'abril). El mateix dia Francesc Macià havia proclamat a Barcelona la República catalana. El 17 d'abril, a conseqüència d'una negociació entre Macià i una comissió de tres ministres del govern de la República (els catalans Nicolau d'Olwer i Marcel·lí Domingo i el socialista Fernando de los Ríos), vinguts a Barcelona, la República catalana es convertia en Generalitat de Catalunya, de la qual Macià seria tot seguit president, i eren refermats els compromisos contrets en el pacte de Sant Sebastià. En virtut d'això va ésser redactat un projecte d'Estatut d'autonomia que va ésser plebiscitat, pràcticament sense oposició

«La Pedrera», d'Antoni Gaudí.

(2 d'agost de 1931) i presentat a continuació a les Corts constituents de la República.

També les Illes i el País Valencià van treballar per a la redacció dels seus Estatuts d'autonomia, sense arribar, però, a reeixir en llurs propòsits.

ELS MOVIMENTS CULTURALS. — Anteriorment hem hagut de fer referència al modernisme i a alguna de les seves personalitats. Es tracta d'un poderós corrent, en certa manera neoromàntic, que va influir molt en les arts plàstiques, la literatura i la música en els darrers decennis del segle passat i els primers de l'actual. Podem considerar-lo originat pel manifest de Domènech i Montaner *En busca d'una arquitectura nacional* (1878), al qual responen tot seguit Gaudí, Fontserè, Domènech i Estapà, Vilaseca, Martorell, i Puig i Cadafalch. El modernisme arquitectònic s'allargarà entre nosaltres fins al tercer decenni del segle actual amb els epígons de Gaudí i de Domènech i Montaner. S'integraran en aquest moviment escultors com Arnau, Blay, Josep Llimona, Juyol i Clarassó; pintors com Joan Llimona, Russinyol, Casas, Labarta i Torrescassana; dibuixants com el mateix Casas, Apel·les Mestres i Alexandre de Riquer; i excel·lents conreadors d'arts menors com la ceràmica, el mosaic, la vidrieria, la forja de metalls, els mobles, la tapisseria i les arts gràfiques, totes les quals en rebran un fort impuls.

La figura més important del nostre modernisme literari és Joan Maragall, però hi participen també literats pre-modernistes, com Verdaguer i Guimerà en alguns moments de llurs darreres etapes, i escriptors postmodernistes, com Josep Carner, Joaquim Ruyra, Raimon Casellas i Guerau de Liost en els inicis de llur producció. La llar del modernisme literari és la revista «L'Avenç», dirigida per Jaume Massó i Torrents, i l'editorial d'aquest mateix nom, i el seu moment estel·lar és el temps de les Festes Modernistes de Sitges (1892 a 1898).

Quant a la música, cal considerar com a adscrits al moviment que estudiem Enric Morera, Jaume Pahissa, Lluís

Millet i Amadeu Vives, almenys en alguns importants períodes de llur tasca de compositors. També cal relacionar amb el modernisme la penetració i voga de Wagner a Catalunya.

Si el modernisme és una mena de neoromanticisme, el moviment que el succeeix és una mena de neoclassicisme. Ens referim al noucentisme, que podem considerar iniciat el 1906, any del començament del *Glossari* d'Eugeni d'Ors, de la designació del nou moviment amb aquell nom, de la publicació de les *Horacianes* de Costa i Llobera i d'*Els fruits saborosos* de Josep Carner. El nou estil presidirà el període que va del 1906 al 1921; influirà en la literatura i en les arts plàstiques, i menys en la música; i ocasionarà una certa paralització en la novel·la i el teatre, considerats com a gèneres menys purs. La seva publicació periòdica més destacada és «La Revista», que porta sobretot l'empremta de Josep M. López-Picó i de Joaquim Folguera.

El noucentisme s'allargarà molt més en les arts plàstiques perquè encara omplirà quasi totalment el tercer decenni del segle i en certes manifestacions d'art decoratiu arribarà fins al cinquè decenni.

Quan el noucentisme literari està esgotant-se apareixen nous corrents, diversos i coexistents, com el neopopularisme de Josep M. de Sagarra, Josep Pla i el primer Tomàs Garcés; l'avantguardisme de Joan Salvat-Papasseit, Sebastià Sànchez-Juan i el primer J. V. Foix; i el conceptisme de López-Picó, Carles Riba i el Foix definitiu.

En teatre omple el nou període el neopopularisme de Sagarra. I a conseqüència d'un toc d'atenció de Carles Riba (*Una generació sense novel·la,* 1925), i de la creació del Premi Joan Creixells (1928), es produeix un renaixement de la creació novel·lística en els inicis del qual hem d'assenyalar Miquel Llor i Joan Puig i Ferreter.

En el món de l'erudició, els primers decennis del segle s'havien caracteritzat per l'eficaç intervenció de les corporacions i la reunió de grans congressos. Assenyalem: el redreçament de l'Acadèmia de Bones Lletres i la publicació del seu «Butlletí», per obra principalment de Francesc Carreras

**Concert de l'Orfeó Català, al Palau de la Música Catalana.**

i Candi i de Joaquim Miret i Sans (1901); la reunió del I Congrés Universitari Català i la creació dels Estudis Universitaris Catalans (1903); la celebració del I Congrés Internacional de la Llengua Catalana (1906); la fundació de l'Institut d'Estudis Catalans (1907); l'inici dels Congressos d'Història de la Corona d'Aragó (1908); la creació de la

Pompeu Fabra (1868-1948).

Secció Filològica de l'Institut amb la incorporació de Pompeu Fabra (1911) i la publicació de les seves *Normes ortogràfiques* (1913) que, en ésser ràpidament acceptades per la quasi totalitat d'escriptors i publicacions del Principat, de les Illes i del País Valencià, tant van contribuir a la generalització, unificació i normalització en l'ús de la nostra llengua.

En relació amb la llengua cal no oblidar la fundació i expansió de l'Associació Protectora de l'Ensenyança Catalana (1899) i la de Nostra Parla, constituïda per tres entitats autònomes domiciliades a Barcelona, València i Ciutat de Mallorca (1916).

La defecció de les corporacions en l'ajut a la cultura catalana a partir de la Dictadura va empènyer els catalans a suplir aquell ajut amb la iniciativa privada. Un grup de patricis benemèrits va subvenir a les necessitats de l'Institut d'Estudis Catalans, que va guanyar així una independència que després no ha hagut de perdre. El mecenatge de Francesc Cambó va permetre les publicacions de la Fundació Bernat Metge i de la Fundació Bíblica Catalana. El monestir de Montserrat va començar a publicar la seva monumental traducció catalana de la Bíblia (1926). L'abnegada dedicació de Josep M. de Casacuberta va donar lloc a la fundació de l'Editorial Barcino, amb les seves col·leccions d'«Els Nostres Clàssics» (1924), «Popular Barcino» (1925), «Enciclopèdia Catalunya» i «Sant Jordi» (1926). El juliol de 1924 sortia la «Revista de Catalunya» de gran categoria intel·lectual, dirigida per Rovira i Virgili. El gener de 1925 iniciava la publicació una altra revista important, «La Paraula Cristiana», dirigida per Carles Cardó. El mateix 1925 apareixia «Critèrion», revista catalana de filosofia, sota la direcció del P. Miquel d'Esplugues. I encara el 1926 sortirien les revistes científiques «Ciència» i «Monografies Mèdiques».

Cal assenyalar també la fundació de l'Associació per a la Cultura de Mallorca (1923) i la d'Acció Cultural Valenciana (1930), així com les publicacions d'ambdues benemèrites entitats; i les importants revistes «La Nostra Terra», mallor-

«El Pensament», de l'escultor rossellonès Arístides Mallol.

quina (1928), i «Taula de les Lletres Valencianes» (1927). Cal esmentar que aquelles dues entitats van estar federades amb «Palestra», entitat fundada per a la formació cívica de la joventut (1930), sota la presidència de Pompeu Fabra, de la qual va ésser l'ànima Josep M. Batista i Roca.

L'ESTATUT D'AUTONOMIA. — El 6 de maig de 1932 s'iniciava a les Corts constituents de la República la discussió del projecte d'Estatut d'autonomia per a Catalunya que havia sofert considerables retallades en el si de la comissió parlamentària corresponent. Els debats sobre aquest projecte es van allargar durant mesos i sovint van resultar difícils. Per fi, el 9 de setembre va ésser aconseguida l'aprovació de la totalitat i el text va ésser promulgat el 15 del mateix mes.

El 20 de novembre del mateix 1932 van ésser celebrades les eleccions per al Parlament català que van donar la victòria a l'Esquerra i als seus aliats. A conseqüència d'això el Parlament va quedar format per 56 diputats de l'Esquerra, 5 de la Unió Socialista de Catalunya (partit socialdemòcrata fundat el 1923), 4 radicals autonomistes, 1 de la Unió Catalanista i 1 federal, que van integrar la majoria; i 16 de la Lliga, 1 d'Acció Catalana Republicana i 1 d'Unió Democràtica de Catalunya (partit demòcrata cristià fundat el 1931), que van constituir l'oposició.

El Parlament va celebrar la sessió inaugural el 6 de desembre, va confirmar Francesc Macià com a president de la Generalitat i va elegir Lluís Companys com a president del mateix Parlament. Poc després era format un govern en el qual va ésser conseller primer Joan Lluhí i Vallescà; també va ésser designada una Comissió Jurídica Assessora, presidida per Joan Maluquer i Viladot. Amb la constitució del Tribunal de Cassació, el 24 de maig de 1934, sota la presidència de Santiago Gubern, quedaven complets els òrgans essencials de la institució autònoma. L'autonomia ja era, doncs, un fet.

# ÍNDEX